JN319062

山の人生

柳田国男

角川文庫
17788

目次

自序

山の人生と題する短い研究を、昨年『朝日グラフ』に連載した時には、一番親切だと思った友人の批評が、面白そうだがよく解らぬというのであった。ああして胡麻《ごま》かすのだろうという類の酷評も、少しはあったように感じられた。もちろんはなはだむつかしくて、明晰に書いてみようもないのではあったが、もしまだ出さなかった材料を出し、簡略に失した説明を少し詳しくしてみたら、あれほどにはあるまいというのが、この書の刊行にあせった真実の動機であった。ところが書いているうちに、自分にも一層解釈しにくくなった点が現れたと同時に、二十年も前から考えていた問題なるにもかかわらず、今になって突然として心付くようなことも大分あった。従ってこの一書の、自分の書斎生活の記念としての価値は少し加わったが、いよいよもって前に作った荒筋の間々へ、切れ切れの追加をする方法の、不適当であることが顕著になった。しかしこれを書き改めるがために費やすべき時間は、もうここにはないのである。その上に資料の新供給を外部の同情者に仰ぐためにも、一応はこの形をもって世に問う必要があるのである。なるほどこの本には賛否の意見を学者に求めるだけの、纏《まと》まった結論というものはないかも知れぬが、それでも自分たち一派の主張として、新しい知識を求めることばかりが学問であることと、これを求める手段には、これまでいっこうに人に顧みられなかった方面が多々であって、それに今我々が手を着けているのだということと、天然の現象の最も大切なる一部分、すなわち同胞国民の多数者の数千年間の行為と感想と経験とが、かつて観察し記録しまた攻究せられなかったのは不当だということと、今後の社会改造の準備にはそれが痛切に必要であるということとは、少なくとも実地をもってこれを例証しているつもりである。学問をもって文雅の士の修養とし、ないしは職業捜索の方便と解して怪しまなかった人々は、このいわゆる小題大做《たいさく》に対して、果たしていかなる態度を取るであろうか。それも問題でありまた現象である故に、最も精細に観測してみようと思う。

大正十五年十月

柳田国男

一　山に埋もれたる人生ある事

今では記憶している者が、私の外には一人もあるまい。三十年あまり前、世間のひどく不景気であった年に、西美濃《にしみの》の山の中で炭を焼く五十ばかりの男が、子供を二人まで、鉞《まさかり》で斫《き》り殺したことがあった。

女房はとっくに死んで、あとには十三になる男の子が一人あった。そこへどうした事情であったか同じ歳くらいの小娘を貰って来て、山の炭焼小屋で一緒に育てていた。その子たちの名前はもう私も忘れてしまった。何としても炭は売れず、何度里へ降りても、いつも一合の米も手に入らなかった。最後の日にも空手《からて》で戻ってきて、飢えきっている小さい者の顔を見るのがつらさに、すっと小屋の奥へ入って昼寝をしてしまった。

眼が覚めて見ると、小屋の口一ぱいに夕日がさしていた。秋の末のことであったという。二人の子供がその日当たりのところにしゃがんで、しきりに何かしているので、傍へ行って、みたら一生懸命に仕事に使う大きな斧《おの》を磨《と》いでいた。阿爺《おとう》、これでわしたちを殺してくれといったそうである。そうして入口の材木を枕にして、二人ながら仰向《あおむ》けに寝たそうである。それを見るとくらくらとして、前後の考えもなく二人の首を打ち落としてしまった。それで自分は死ぬことが出来なくて、やがて捕えられて牢《ろう》に入れられた。

この親爺《おやじ》がもう六十近くなってから、特赦を受けて世の中へ出て来たのである。そうしてそれからどうなったか、すぐにまた分からなくなってしまった。私は仔細《しさい》あってただ一度、この一件書類を読んでみたことがあるが、今はすでにあの偉大なる人間苦の記録も、どこかの長持《ながもち》の底で蝕《むし》ばみ朽ちつつあるであろう。

○

また同じ頃、美濃とは遥かに隔たった九州のある町の囚獄に、謀殺罪で十二年の刑に服していた三十あまりの女性が、同じような悲しい運命の下《もと》に活《い》きていた。ある山奥の村に生まれ、男を持ったが親たちが許さぬので逃げた。子供が出来て後に生活が苦しくなり、恥を忍んで郷里に還《かえ》ってみると、身寄りの者は知らぬうちに死んでいて、笑い嘲《あざけ》る人ばかり多かった。すごすごと再び浮世に出て行こうとしたが、男の方は病身者で、とても働ける見込みはなかった。

大きな滝の上の小路を、親子三人で通るときに、もう死のうじゃないかと三人の身体を、帯で一つに縛《しば》り付けて、高い樹の隙間《すきま》から、淵を目掛けて飛び込んだ。数時間の後に、女房が自然と正気に復《かえ》った時には、夫も死ねなかったものと見えて、濡《ぬ》れた衣服で岸に上って、傍の老樹の枝に首を吊《つ》って自ら縊《くび》れており、赤ん坊は滝壺《たきつぼ》の上の梢に引っ懸かって死んでいたという話である。

こうして女一人だけが、意味もなしに生き残ってしまった。死ぬ考えもない子を殺したから謀殺で、それでも十二年までの宥恕《ゆうじょ》があったのである。このあわれな女も牢を出てから、すでに年久しく消息が絶えている。多分はどこかの村の隅に、まだ抜け殻のような存在を続けていることであろう。

我々が空想で描いてみる世界よりも、隠れた現実の方が遥かに物深い。また我々をして考えしめる。これは今自分の説こうとする問題と直接の関係はないのだが、こんな機会でないと思い出すこともなく、また何人《なんぴと》も耳を貸そうとはしまいから、序文の代わりに書き残しておくのである。

二　人間必ずしも住家を持たざる事

黙って山へ入って還って来なかった人間の数も、なかなか少なくないものではないようである。十二、三年前に、尾張《おわり》瀬戸町にある感化院に、不思議な身元の少年が二人まで入っていた。その一人は例の[1]サンカの児で、相州の足柄《あしがら》で親に棄てられ、甲州から木曾の山を通って、名古屋まで来て警察の保護を受けることになった。

今一人の少年は丸三年の間、父とただ二人で深山の中に住んでいた。どうして出て来たのかは、この話をした[2]二宮徳君も知らなかったが、とにかく三年の間は、火というものを用いなかったと語ったそうである。食物はことごとく生《なま》で食べた。小さな弓を造って鳥や魚を射て捕えることを、父から教えられた。

春が来ると、いろいろの樹の芽を摘んでそのまま食べ、冬は草の根を掘って食べたが、その中には至って味の佳《よ》いものもあり、年中食物にはいささかの不自由もしなかった。衣服は寒くなると小さな獣の皮に、木の葉などを綴《つづ》って着たという。

ただ一つ難儀であったのは、冬の雨雪の時であった。岩の窪《くぼ》みや大木のうつろの中に隠れていても、火がないために非常に辛《つら》かった。そこでこういう場合のために、川の岸にあるカワヤナギの類の、髯根《ひげね》の極めて多い樹木を抜いて来て、その根をよく水で洗い、それを寄せ集めて蒲団《ふとん》の代わりにしたそうである。

話が又聞きで、これ以上のことは何も分からない。このことを聴いた時には、すぐにも瀬戸へ出かけて、も少し前後の様子を尋ねたいと思ったが、何分にも暇がなかった。かの感化院には記録でも残ってはいないであろうか。この少年がいろいろの身の上話をしたということだが、何かよくよくの理由があって、彼の父も中年から、山に入ってこんな生活をした者と思われる。

○

サンカと称する者の生活については、永い間にいろいろな話を聴いている。我々平地の住民との一番大きな相違は、穀物果樹家畜を当てにしておらぬ点、次には定まった場処に家のないという点であるかと思う。山野自然の産物を利用する技術がことのほか発達していたようであるが、その多くは話としても我々には伝わっておらぬ。

冬になると暖かい海辺の砂浜などに出て来るのから察すると、彼らの夏の住居は山の中らしい。伊豆《いず》へは奥州《おうしゅう》から、遠州へは信濃から、伊勢の海岸へは飛騨《ひだ》の奥から、寒い季節にばかり出て来るということも聴いたが、サンカの社会には特別の交通路があって、渓《たに》の中腹や林の片端、堤《つつみ》の外などの人に逢わぬところを縫うている故に、移動の跡が明らかでないのである。

磐城《いわき》の相馬地方などでは、彼らをテンバと呼んでいる。山の中腹の南に面したところに、いくつかの岩屋がある。秋もやや末になって、里の人たちが朝起きて山の方を見ると、この岩屋から細々と煙が揚がっている。ああもうテンバが来ているなどという中《うち》に、子を負うた女がささらや竹籠《たけかご》を売りに来る。箕《み》などの損じたのを引き受けて、山の岩屋に持って帰って修繕して来る。

土地の人とはまるまる疎遠でもなかった。若狭《わかさ》、越前などでは河原に風呂敷《ふろしき》油紙の小屋を掛けてしばらく住み、断りを言ってその辺の竹や藤葛《ふじかずら》を伐《き》ってわずかの工作をした。河川改修が河原を整理してしまってからは、金を払って材料の竹を買う者さえあった。しかも土着する者は至って稀《まれ》で、多くはほどなくいずれへか去ってしまう。路の辻などに樹の枝または竹をさし、しるしを残して行く者は彼らであった。小枝によって先へ行った者の数や方角を、後から来る者に知らしめる符号があるらしい。

仲間から出て常人に交わる者、ことに素性と内情とを談《かた》ることをはなはだしく悪《にく》むが、外から紛れて来てサンカの群れに投ずる常人は次第に多いようである。そうでなくとも人に問われると、遠い国郡を名乗るのが普通で、その身の上話から真の身元を知ることはむつかしい。大体においおい世間並の衣食を愛好する風を生じ、中には町に入って混同してしまおうとする者も多くなった。それが正業を得にくい故に、おりおりは悪いこともするのだが、彼らの悪事は法外に荒いために、かえって容易にサンカの所業なることが知れるという。

しかも世の中とこれだけの妥協すらもあえてせぬ者が、まだ少しは残っているかと思われた。大正四年の京都の御大典《ごたいてん》の時は、諸国から出て来た拝観人で、街道も宿屋も一杯になった。十一月七日の車駕《しゃが》御到着の日などは、雲もない青空に日がよく照って、御苑《ぎょえん》も大通りも早天から、人をもって埋めてしまったのに、なお遠く若王子《にゃくおうじ》の山の松林の中腹を望むと、一筋二筋の白い煙が細々と立っていた。ははあ、サンカが話をしているなと思うようであった。もちろん彼らはわざとそうするのではなかった。

三　凡人遁世の事

かつて羽前の尾花沢《おばなざわ》付近において、一人の土木の工夫が、道を迷うて山の奥に入り人の住みそうにもない谷底に、はからず親子三人の一家族を見たことがある。これは粗末ながら小屋を建てて住んではいたが、三人ともに丸裸《まるはだか》であったという。

女房がひどく人を懐かしがって、いろいろと工夫に向かって里の話を尋ねた。何でもその亭主という者は、世の中に対してよほど大きな憤懣《ふんまん》があったらしく、再び平地へは下らぬという決心をして、こんな山の中へ入って来たのだと言った。

工夫は一旦そこを立ち去った後、再び引き返して同じ小屋に行ってみると、女房が彼と話をしたのを責めると言って、縛《しば》り上げて折檻《せっかん》をしているところであったので、もう詳しい話も聞き得ずに、早々に帰って来て、その後のことは一切不明になっている。

この話は[3]山方石之助《やまがたいしのすけ》君から十数年前に聴いた。山に住む者の無口になり、一見無愛相になってしまうことは、多くの人が知っている。必ずしも世を憤って去った者でなくとも、木曾の山奥で岩魚《いわな》を釣っている親爺でも、たまたま里の人に出くわしても何の好奇心もなく、見向きもせずに路《みち》を横ぎって行くことがある。文字に現せない寂寞《せきばく》の威圧が、久しゅうして人の心理を変化せしめることは想像することが出来る。

そうしてこんな人にわずかな思索力、ないしはわずかな信心があれば、すなわち行者《ぎょうじゃ》であり、あるいは仙人であり得るかと思われる。また天狗《てんぐ》と称する山の霊が眼の色怖ろしく、やや気むつかしくかつ意地悪いものと考えられているのも、一部分はこの種山中の人に逢った経験が、根をなしているのかも知れぬ。

◯

近世の武人などは、主君長上に対して不満のある場合に、無謀に生命を軽んじ死を急ぎ、さらば討死をして殿様に御損を掛け申すべしといったような話が多かった。戦乱の打ち続いた時世としては、それも自然なる決意であり得たが、人間の死ぬ機会はそう常にあったわけでもない。死なずに世の中に背くという方法は、必ずしも時節を待つという趣意でなくとも、やはり山寺にでも入って法師と共に生活するの他はなかった。後にはそれを出離の因縁とし、菩提《ぼだい》の種と名づけて悦喜《えつき》した者もあるが、古来の遁世者《とんせいしゃ》の全部をもって、仏道勝利の跡と見るのは当を得ないと思う。

その上に山に入り旅に出れば、必ずそこに頃合の御寺があるというわけでもなかった。何の頼む旅僧の生活をしようと思えば、少しは学問なり智恵なりがなければならなかった。死ぬかむところもない弱い人間の、ただいかにしても以前の群れと共におられぬ者には、今一つは山に入るという方法しかなかった。従って生活の全く単調であった前代の田舎《いなか》には、存外に跡の少しも残らぬ遁世が多かったはずで、後世の我々にこそこれは珍しいが、実は昔は普通の生存の一様式であったと思う。

それだけならよいが、人にはなおこれという理由がなくて、ふらふらと山に入って行く癖のようなものがあった。少なくとも今日の学問と推理だけでは、説明することの出来ぬ人間の消滅、ことにはこの世の執着《しゅうじゃく》の多そうな若い人たちが、突如として山野に紛れ込んでしまって、何をしているかも知れなくなることがあった。自分がこの小さな書物で説いてみたいと思うのは、主としてこうした方面の出来事である。これが遠い近いいろいろの民族の中にもおりおりは経験せられる現象であるのか。はたまた日本人にばかり特に、かつ頻繁に繰り返されねばならぬ事情があったのか。それすらも現在はなお明瞭でないのである。しかも我々の間には言わず語らず、時代時代に行われていた解釈があった。それがある程度まで人の平常の行為と考え方とを、左右していたことは立証することが出来る。それが我々の親たちの信仰生活にも、これと交渉する部分が若干はあった。しかも結局は今なお不可思議である以上、将来いずれかの学問がこの問題を管轄すべきことは確かである。棄てて顧みられなかったのはむしろ不当であると思う。

四　稀に再び山より還る者ある事

これは以前新渡戸《にとべ》博士から聴いたことで、やはり少しも作りごとらしくない話である。陸中二戸《にのへ》郡の深山で、猟人《かりゅうど》が猟に入って野宿をしていると、不意に奥から出て来た人があった。よく見ると数年前に、行方不明になっていた村の小学教員であった。ふとしたことから山へ入りたくなって家を飛び出し、まるきり平地の人とちがった生活をして、ほとんど仙人になりかけていたのだが、ある時この辺でマタギの者の昼弁当を見付けて喰ったところが、急に穀物の味が恋しくなって、次第に山の中に住むことがいやになり、人が懐かしくてとうとう出て来たと言ったそうである。それから里に戻って如何したか。その後の様子は今ではもう何人《なんぴと》にも問うことが出来ぬ。

マタギは東北人及びアイヌの語で、猟人のことであるが、奥羽の山村には別に小さな部落をなして、狩猟本位の古風な生活をしている者にこの名がある。例えば十和田《とわだ》の湖水から南祖坊《なんそぼう》に逐《お》われて来て、秋田の八郎潟《はちろうがた》の主《ぬし》になっているという八郎おとこなども、大蛇になる前は国境の山の、マタギの村の住民であった。

マタギは冬分は山に入って、雪の中を幾日となく旅行し、熊を捕ればその肉を食い、皮と熊胆《くまのい》を付近の里へ持って出て、穀物に交易してまた山の小屋へ還る。時には峰づたいに上州信州の辺まで、下りて来ることがあるという。

こんな連中でも、用が済めば我が村へ戻り、また山の中でも火を焚《た》き米を煮て食うのに、教員までもしたという人が、友もなくして何年かの間、この様な忍苦の生活をなし得たのは、少なくとも精神の異状であった。しかもそれが単なる偶発の事件でなく、遠く離れた国中の山村に、往々にして聞くところの不思議であったのである。

○

マタギの根原に関しては、現在まだ何人も説明を下し得た者はないが、岩手秋田青森の諸県において、平地に住む農民たちが、ややこれを異種族視していたことは確かである。津軽の人が百二、三十年前に書いた『奥民図彙《おうみんずい》』には、一二彼らが奇習を記し、[4]菅江真澄《すがえますみ》の『遊覧記』の中にも、北秋田の山村のマタギの言葉には、犬をセタ、水をワッカ、大きいをポロというの類、アイヌの単語の沢山に用いられていることを説いてある。

もちろんこれによって彼らをアイヌの血筋と見ることは早計である。彼らの平地人との交通には、言語風習その他に何の障碍《しょうがい》もなかったのみならず、少なくとも近世においては、彼らも村にいる限りは付近の地を耕し、一方にはまた農民も山家に住む者は、傍ら狩猟によって生計を補うた故に、名称以外には明白に二者を差別すべきものはないのである。

ただ、関東以西には猟を主業とする者が、一部落をなすほどに多く集まっておらぬに反して、奥羽の果てに行くとマタギの村という者がおりおりある。熊野高野を始めとして、霊山開基の口碑《こうひ》には猟師が案内をしたといい、または地を献上したという例少なからず、それを目して異人仙人と称していて、通例の農夫はかつてこの物語に参与しておらぬのを見ると、彼ら山民の土着が一期だけ早かったか、または土着の条件が後世普通の耕作者とは、別であったかということだけは察せられる。

しかも猟に関する彼らの儀式、また信仰には特殊なるものが多い。萬次萬三郎の兄弟が、山の神を助けて神敵を退治し、褒美《ほうび》に狩猟の作法を授けられたなどという古伝もその一例である。東北ではシナの木のことをマダと言い、山民は多くその樹皮を利用する。マタギ村でも盛んにこれを採取しまた周囲にこれを栽培するが、そのマダとは関係がないと言っている。あるいは二股の木の枝を杖にして、山中を行くような宗教上の習慣でもあって、こんな名称を生じたのではないかとも思うが、彼ら自身は何と自ら呼ぶかを知らぬから、いまだこれを断定することが出来ぬのである。

八郎という類の人が山中に入り、奇魚を食って身を蛇体に変じたという話は、広く分布しているいわゆる低級神話の類であるが、津軽秋田で彼をマタギであったと伝えたのには、何か考うべき理由があったろうと思う。

五　女人の山に入る者多き事

天野《あまの》信景《さだかげ》翁の『塩尻《しおじり》』には、尾州小木《こき》村の百姓の妻の、産後に発狂して山に入り、十八年を経て後一たび戻って来た者があったことを伝えている。裸形にしてただ腰のまわりに、草の葉を纏《まと》うていたとある。山姥《やまうば》の話の通りであるが、しかも当時の事実譚《じじつだん》であった。

この女もある猟人に逢って、身の上話をしたという。飢えを感ずるままに始めは虫を捕って喰っていたが、それでは事足らぬように覚えて、後には狐や狸《たぬき》、見るに随《したが》い引き裂いて食とし、次第に力付いて、寒いとも物ほしいとも思わぬようになったと語る。一旦は昔の家に還ってみたが、身内の者までが元の自分であることを知らず、怖《おそ》れて騒ぐのでせん方もなく、再び山中の生活に復《かえ》ってしまったというのは哀れである。

明治の末頃にも、作州那岐山《なきのせん》の麓《ふもと》、日本原《にっぽこうげ》の広戸の滝を中心として、処々に山姫が出没するという評判が高かった。裸にして腰のまわりだけに襤褸《ぼろ》を引き纏い、髪の毛は赤く、眼は青くして光っていた。ある時も人里近くに現れ、木こりの小屋を覗いているところを見つかり、ついにそこの人夫どもに打ち殺された。しかるにそれをよく調べてみると、付近の村の女であって、ずっと以前に発狂して、家出をしてしまった者であることが分かった。

女にはもちろん不平や厭世《えんせい》のために、山に隠れるということがない。気が狂った結果であることは、その挙動を見れば誰にでも分かった。羽後と津軽の境の田代岳《たしろだけ》の麓の村でも、若い女が山へ遁げて入ろうとするのを、近隣の者が多勢追いかけて、連れて戻ろうと引き留めているうちに、えらい力を出して振り切って、走り込んでしまったという話を狩野亨《かのうこう》吉《きち》先生から承ったことがある。

○

山に走り込んだという里の女が、しばしば産後の発狂であったことは、ことによると非常に大切な問題の端緒かも知れぬ。古来の日本の神社に従属した女性には、大神の指命を受けて神の御子《みこ》を産み奉りし物語が多い。すなわち巫女は若宮の御母なるが故に、ことに霊ある者として崇敬せられたことは、すこぶる基督《キリスト》教などの童貞受胎の信仰に似通うたものがあった。婦人の神経生理にもしかような変調を呈する傾向があったとすれば、それは同時にまた種々の民族に一貫した、宗教発生の一因子とも考えることを得る。しかしもちろん物のついでなどをもって、軽々に取り扱うべき問題ではないから、今は単に一二の類例を挙げておくに止めるが、その一つは三百余年前に、因幡《いなば》国にあった話で、少し長たらしいが原文のままを抄出する。『雪窓夜話《せっそうやわ》』の上巻に書いてある話である。

寛永年中のこと也。安成久太夫《やすなりきゅうだゆう》といふ武士あり。備前因幡国換《くにが》への時節にて、未だ居屋敷も定まらず、鹿野《かの》（今の気高郡鹿野町）の在《ざい》に仮に住みけり。或夜山に入りけるに、月の光も薄く、木立も奥暗き岨陰《そばかげ》より、何とも知らぬ者駆け出で、久太夫が連れたる犬を追掛け、遥かの谷に追落して、傍なる巌窟にかけ入りたり。久太夫不思議に思ひ、犬を呼返して其穴に追入れんとするに、犬怖れて入らざれば若党に命じてかの者を探り求めしむ。人のたけばかりなる猿の如きものなり。若党引出さんとするに、力強く爪尖《とが》りて、若党の手を掻破りけるを、漸《ようや》くに引出したり。久太夫葛《かずら》を用ゐて之を縛り、村里へ引出し、灯をとぼして之を見るに、髪長く膝に垂れ、面相全く女に似て、その荒れたること絵にかける夜叉《やしゃ》の如し。何を尋ねても物言ふこと無く、只にこ〳〵と打ち笑ふのみ也。食を与ふれども食はず水を与ふれば飲みたり。遍《あまね》く里人に尋ぬれども、仔細《しさい》を知る者無し。一村集まりて之を見物す。其中に七十余の老農ありて言ふには、昔此村に産婦あり。俄かに狂気して駆け出でけるが、鷲峰山《しゅうぶせん》に入りたり。親族尋ね求むと雖、終に遇ふこと無しと言ひ伝へたり。其年暦を計るに凡そ百年に余れり。もしは此者にてもあらんかと也。久太夫速かに命を助け山に追い返しけるに、その走ること甚だ早し。其後又之を見る者無しといへり。

◯

佐々木喜善君の報告に、今から三年ばかり前、陸中上閉伊郡付馬牛《つくもうし》村の山中で三十歳前後の一人の女が、ほとんど裸体に近い服装に樹の皮などを纏い付けて、うろついていたのを村の男が見つけた。どこかの炭焼小屋からでも持って来たものか、この辺でワッパビツと名づける山弁当の大きな曲げ物を携え、その中にいろいろの虫類を入れていて、あるきながらむしゃむしゃと食べていたという。遠野の警察署へ連れて来たが、やはり平気で蛙などを食っているので係員も閉口した。その内に女が朧気《おぼろげ》な記憶から、ふと汽車のことを口にし、それから段々に生まれた家の模様、親たちの顔から名前を思い出し、ついには村の名まで言うようになったが、聴いてみると和賀郡小山田村の者で、七年前に家出をして山に入ったということがわかった。やはり産後であって、不意に山に入ったというのであった。親を警察へ呼び出して連れて行かせたが、一時はこの町で非常な評判であった。なお同じ佐々木君の話の中にこの付近の村の女の二十四、五歳の者が、夫と共に山小屋に入っていて、終日夫が遠くに出て働いている間、一人で小屋にいて発狂したことがあった。後に落ち着いてから様子を尋ねてみると、ある時背の高い男がやって来て、それから急に山奥へ行きたくなって、堪えられなかったと言ったそうである。

六　山の神に嫁入りすという事

羽後の田代岳に駆け込んだという北秋田の村の娘は、その前から口癖のように、山の神様のところへお嫁入りするのだと、言っていたそうである。古来多くの新米の山姥《やまうば》、すなわちこれから自分の述べたいと思う山中の狂女の中には、何か今なお不明なる原因から、こういう錯覚を起こして、欣然《きんぜん》として自ら進んで、こんな生活に入った者が多かったらしいのである。

そうすると我々が三輪式神話の残影と見ている竜婚蛇婚の国々の話の中にも、存外に起原の近世なるものがないとは言われぬ。例えば上州の榛名《はるな》湖においては、美しい奥方は強いて供の者を帰して、しずしずと水の底に入って往《い》ったと伝え、美濃の夜叉《やしゃ》ケ池の夜叉御前は、父母の泣いて留めるのも聴かず、あたら十六の花嫁姿で、独り深山の水の神にとついだと言っている。古い昔の信仰の影響か、または神話が本来かくのごとくにして、発生すべきものであったのか、とにかくに我が民族のこれが一つの不思議なる癖であった。

近頃世に出た『まぼろしの島より』という一英人の書翰集《しょかんしゅう》に、南太平洋はニューヘブライズ島のある農場において、一夜群衆のわめき声と共に、しきりに鉄砲の音がするので、驚いて飛び出してみると、若い一人の土人が魔神に攫《つか》まれて、森の中へ牽《ひ》いて行かれるところであった。魔神の姿はもとより何人にも見えないが、その青年が右の手を前へ出して踏み止まろうと身をもがく形は、確かに捕われた者の様子であった。他の土人たちは声で嚇《おど》し、かつ鉄砲をその前後の空間に打ち掛けて、悪魔を追い攘《はら》おうとしたがついに効を奏せず、捕われた者は茂みに隠れてしまった。

翌朝その青年は正気に復して、戻って常のごとく働こうとしたけれども、仲間の者は彼が魔神と何か契約をして来たものと疑い、畏《おそ》れ憎んで近づかず、その晩のうちに毒殺してしまったと記している。我が邦《くに》で狐や狸に憑《つ》かれたという者が、その獣らしい挙動をして、傍の者を信ぜしめるのと、最もよく似た精神病の兆候である。

◯

猿の婿入《むこいり》という昔話がある。どこの田舎に行ってもあまり有名であるために、かえって子供までが顧みようとせぬようになったが、実は日本にばかり特別によく成育した話で、しかも最初いかなる事情から、こんな珍しい話の種が芽をくむに至ったかは、説明し得た人がないのである。三人ある娘の三番目がことに発明で、一旦は猿に連れられて山中に入って行くが、後に才智をもって相手を自滅させ、安全に親の家へ戻って来ることになっているのは、もとは明らかに魔界征服譚の一つであった。今でも落語家の持っている王子の狐、あるいは天狗の羽団扇《はうちわ》を欺き奪う話などと同様に、段々に敵の愚かさが誇張せられて、聴く人の高笑いを催さずにはおかなかったのは、武勇勝利の物語に、負けて遁《に》げた者の弱腰を説くのと、目的は一つであって、つまりは猿の婿も怖るるに足らずという教育の、かつて必要であったことを意味している。餅を搗《つ》いて臼ながら猿に負わせたり、臼を卸《おろ》さずに藤の花を折らせたり、いろいろと無理な策略をもって相手を危地に陥れた話があるが、地方によっては瓢簞《ひょうたん》と針千本とを、親から貰い受けて出て行ったことになっているのは、すなわち蛇神退治の古くからの様式で、猿の方にはむしろ不用なことであった。変化か混同かいずれにしても、竜蛇の婿入の数多い諸国の例が、これと系統の近かったことだけは察せられるので、ただ山城蟹旛《かには》寺《でら》の縁起などにおいては、外部の救援が必要であったに反して、こちらはかよわい小娘の智謀一つで、よく自ら葛藤《かっとう》を脱し得た点を、異なれりとするのみである。

7 大和の三輪の緒環《おだまき》の糸、それから遠く運ばれたらしい豊後《ぶんご》の大神《おおみわ》氏の花の本の少女の話は、土地とわずかな固有名詞とをかえて、今でも全国の隅々まで行われているが、終始一貫した発見の糸口は、衣裳の端に刺した一本の針であった。ところが後世になるにつれて、勝利は次第に人間の方に帰し、蛇の婿は刺された針の鉄気《かなけ》に制せられ、苦しんで死んだことになっている例が多い。糸筋を手繰《たぐ》って窃《ひそ》かに洞穴の口に近づいて立ち聴きすると、親子らしい大蛇がひそひそと話をしている。だから留めるのに人間などに思いを掛けるから、命を失うことになったのだと一方がいうと、それでも種だけは残して来たから本望だと、死なんとする者が答える。いや人間は賢いものだ、もし蓬《よもぎ》と菖蒲《しょうぶ》の二種の草を煎じて、それで行水《ぎょうずい》を使ったらどうすると、大切な秘密を洩《も》らしてしまったことにもなっている。たった一つの小さな昔話でも、段々に源を尋ねていくと信仰の変化が窺われる。もとは単純に指命に服従して、怖ろしい神の妻たることを甘んじたものが、後にはこれを避けまたは遁《のが》れようとしたことが明らかに見えるのである。しかもあるいは婚姻慣習の沿革と伴うものかも知らぬが、猿の婿入の話には後代の蛇婿入譚と共に、娘の父親の約諾ということが、一つの要件をなしている。そうでなくとも堂々と押し掛けて来て、一門を承知させたことになっていて、大昔の神々のごとく夜陰密かに通って来て後に露見したものではなかった。そうして天下晴れて連れて還ったことに話は出来ている。すなわち山と人界との縁組は稀有《けう》というのみで、想像し得られぬほどの事件ではなかったのが、おいおいにこれを忌み憎むの念が普通の社会には強くなり、百方手段を講じてその弊害を防ぎつつ、なお十分なる効果を挙げ得ないうちに、国は次第に近世の黎明《れいめい》になったのである。

狒《ひ》狒《ひ》という大猿が日本にも住むということは、もう信ずることがむつかしくなった。出逢った見たという話は記事にも画にも残っているものが多いが、注意して見ると、まるまる幻覚の産物でなければ、必ずただの老猿を誤ってそう呼んだまでである。従って[8]岩見重太郎、もしくは『今昔物語』[9]のちゅうさんこうやのごとき例は、すこしでも動物学の智識を損益するところはないわけである。しかも昔話にまでなってこのように弘く伝わっているのを見ると、猿の婿入は恐らくある遠い時代の現実の畏怖《いふ》であった。少なくとも女性失踪《しっそう》の不思議に対する、世間普通の解釈であった。どうしてそんな愚かしいことが、信じ得られたかと思うようであるが、他に真相の説明が付かなかった時代だから仕方がない。一種の精神病というがごとき漠然たる理由では、今日でもまだ承知する者は少ないのである。正月と霜月《しもつき》との月初めのある日を、山の神の樹かぞえなどと称して、戒めて山に入らぬ風習は現に行われている。もしこの禁を犯せばいかなる制裁があるかと問えば、算《かぞ》え込まれて樹になってしまうと言うもあれば、山の神に連れて行かれるなどとも言っているところもある。その山の神様はもとより神官の説くがごとき、大山祇命《おおやまつみのみこと》ではなかったのである。狼を山神の姿と見た言い伝えも多いが、猿はその一段の人間らしさから、かつては信仰の対象となっていた証拠もいろいろある。中世何らか特別の理由があって、その地位は動揺したものらしい。その歴史を今少し考えてみない以上、多くの昔話の意味がはっきりとせぬのも、止むを得ざる次第である。

七　町にも不思議なる迷子ありし事

北国筋のある大都会などは、ことに迷子《まいご》というものが多かった。二十年ほど前までは、冬になると、一晩としていわゆる鉦《かね》太鼓の音を聞かぬ晩はないくらいであったという。山が近くて天狗の多い土地だから、と説明せられていたようである。

東京でも以前はよく子供がいなくなった。この場合には町内の衆が、各一個の提灯《ちょうちん》を携えて集まり来たり、夜どおし大声で喚《よ》んで歩くのが、義理でもありまた慣例でもあった。関東では一般に、まい子のまい子の何松やいと繰り返すのが普通であったが、上方辺では「かやせ、もどせ」と、ややゆるりとした悲しい声で唱えてあるいた。子供にもせよ紛失したものを尋ねるのに、鉦太鼓でさがすというは実は変なことだが、それは本来捜索ではなくして、奪還であったから仕方がない。

もし迷子がただの迷子であるならば、こんなことをしても無益な代わりに、大抵はその日その夜の中に消息が判明する。二日も三日も捜しあるいて、どうしても見付からぬというのが神隠しで、これに対しては右のごとき別種の手段が、始めて必要であったのだが、前代の人たちは久しい間の経験によって、子供がいなくなれば最初からこれを神隠しと推定して、それに相応する処置を執ったものである。

神隠しをする神はいかなる悪い神であったか。近世人の思想においては、必ずしもごく精確に知られてはなかった。通例は天狗狗賓《ぐひん》というのが最も有力なる嫌疑者であったが、それはこの様に無造作なる示威運動に脅かされて、取った児をまた返すような気の弱い魔物とも実は考えられていなかった。

狐もまた往々にして子供を取って隠す者と、考えられている地方があった。そういう地方では狐のわざと想像しつつも、やはり盛んに鉦太鼓を叩いたのであるが、今では単に狐はしばらくの間、人を騙《だま》し迷わすだけとして、これを神隠しの中にはもう算《かぞ》えない田舎が、段々に多くなっていくかと思う。近年の狐の悪戯《いたずら》は大抵は高が知れていた。誰かが行き合わせて大声を出し、または背中を一つ打ったら正気が付いたという風で、若い衆やよい年輩の親爺までが、夜どおし近所の人々に心配をかけ、朝になってみると土手の陰や粟畠《あわばたけ》のまん中に、きょとんとして立っていたなどということも、またすでに昔話の部類に編入せられようとしているのである。

しかし寂しい在所の村はずれ川端、森や古塚の近くなどには、今でも「良くないところ」だというところがおりおりあって、その中には悪い狐がいるという噂をするものも少なくはない。神隠しの被害は普通に人一代の記憶のうちに、三回か五回かは必ず聴くところで、前後の状況は常にほぼ一様であった。従って捜索隊の手配路順にも、ほぼ旧来のきまりがあり、事件の顚末《てんまつ》も人の名だけが、時々新しくなるばかりで、各地各場合において、大した変化を見なかったようである。

しかも経験の乏しい少年少女にとっては、これほど気味の悪い話はなかった。私たちの村の小学校では、冬は子供が集まると、いつもこんな話ばかりをしていた。それでいて奇妙なことには、実際は狐につままれた者に、子供は至って少なく、子供の迷子は多くは神隠しの方であった。

○

子供のいなくなる不思議には、おおよそ定まった季節があった。自分たちの幽《かす》かな記憶では、秋の末から冬のかかりにも、この話があったように思うが、あるいは誤っているかも知れぬ。多くの地方では旧暦四月、蚕の上簇《じょうぞく》や麦苅り入れの支度に、農夫が気を取られている時分が、一番あぶない様に考えられていた。これを簡明に高麦の頃と名づけているところもある。つまりは麦が生長して容易に小児の姿を隠し、また山の獣などの畦《あぜ》づたいに、里に近よるものも実際に多かったのである。高麦の頃に隠れん坊をすると、狸に騙《だま》されると豊後の奥では言うそうだ。全くこの遊戯は不安心な遊戯で、大きな建物などの中ですらも、稀《まれ》にはジェネヴェバのごとき悲惨事があった。まして郊野の間には物陰が多過ぎた。それがまたこの戯れの永く行われた面白味であったろうが、幼い人たちが模倣を始めたより更に以前を想像してみると、忍術などと起原の共通なる一種の信仰が潜んでいて、後次第に面白い村の祭の式作法になったものかと思う。

東京のような繁華の町中でも、夜分だけは隠れんぼはせぬことにしている。夜かくれんぼをすると鬼に連れて行かれる。または隠し婆さんに連れて行かれるといって、小児を戒める親がまだ多い。村をあるいていて夏の夕方などに、児を喚《よ》ぶ女の金切声をよく聴くのは、夕飯以外に一つにはこの畏怖もあったのだ。だから小学校で試みに尋ねてみても分かるが、薄暮に外におりまたは隠れんぼをすることが、何故に好くないか、小児はまだその理由を知っている。福知山付近では晩に暗くなってから隠れんぼをすると、隠し神さんに隠されると言うそうだが、それを他の多くの地方では狸狐と言い、または隠し婆さんなどとも言うのである。隠し婆は古くは子取尼《ことりあま》などとも言って、実際京都の町にもあったことが、『園大暦《えんたいりやく》』の文和二年三月二十六日の条に出ている。取り上げ婆の子取とはちがって、これは小児を盗んで殺すのを職業にしていたのである。何のためにということは記してないが、近世に入ってからは血取とも油取とも名づけて、罪なき児童の血や油を、何かの用途に供するかのごとく想像し、近くは南京皿《なんきんざら》の染付《そめつけ》に使うというがごとき、いわゆる纐纈《こうけつ》城《じょう》式の風説が繰り返された。そうしてまだ全然の無根というところまで、突き留められてはいないのである。

しかし少なくともこの世評の大部分が、一種の伝統的不安であり、従って話であることは時過ぎて初めてわかった。例えば迷子が黙って青い顔をして戻って来ると、生血を取られたからだと解して悲しんだ者もあったが、そんな方法のあり得ないことがもう分かって、段々にそうは言わなくなった。秩父《ちちぶ》地方では子供が行方不明になるのを、隠れ座頭に連れて行かれたと言い、またはヤドウカイに捕られたというそうだが、これなどは単純な誤解であった。隠れ座頭は弘く奥羽関東に亘って、巌窟の奥に住む妖怪《ようかい》と信ぜられ、相州の津《つ》久井《くい》などでは、踏唐臼《ふみからうす》の下に隠れているようにも言っていた。すなわち普通の人の眼に見えぬ社会の住民ではあったのだが、これを座頭としたのは右のごとき地底の国を、隠れ里と名づけたのが元である。隠れ里本来は昔話の鼠の浄土などの様に、富貴具足の仙界であって、禱《いの》れば家具を貸し金銭を授与したなどと、説くのが昔の世の通例であったのを、人の信仰が変化したから、こんな恐ろしい怪物とさえ解せられた。多分は座頭の職業に若干の神秘分子が、伴うていた結果であろう。

　それからヤドウカイはまたヤドウケと呼ぶ人もあった。文字には夜道怪と書いて子取の名人のごとく伝えられるが、実はただの人間の少し下品な者で、中世[10]高野聖《こうやひじり》の名をもって、諸国を修行した法師すなわちこれである。武州小川の大塚梧《ご》堂《どう》君の話では、夜道怪は見た者はないけれども、蓬髪弊衣《ほうはつへいい》の垢《あか》じみた人が、大きな荷物を背負うてあるくのを、まるで夜道怪のようだと土地では言うから、大方そんな風態《ふうてい》の者だろうとのことである。実際高野聖は行商が片商売で、いつも強力同様に何もかも背負うてあるいた。そうして夕方には村の辻に立って、ヤドウカと大きな声でわめき、誰も宿を貸しましょと言わぬ場合には、また次の村に向かって去った。旅に摺《す》れて掛引《かけひき》が多く、その上おりおりは法力を笠に着て、善人たちを脅かした故に、「高野聖に宿かすな、娘取られて恥かくな」などという、諺《ことわざ》までも出来たのである。段々こんな者が村に来なくなってから、単に子供を嚇《おど》す想像上の害敵となって永く残り、その子供がまた成人して行くうちに、次第に新しい妖怪の一種にこれを算《かぞ》えるに至ったのは、注意すべき現象だと思う。我々日本人の精神生活の進化には、こういう村里の隠し神のようなものまでが、取り残されていることは出来なかったのである。

八　今も少年の往々にして神に隠さるる事

先頃も六つとかになる女の児が、神奈川県の横須賀から汽車に乗って来て、東京駅の付近をうろついており、警察の手に保護せられた。大都のまん中では、もとより小児の親にはぐれる場合も多かったろうけれども、幼小な子供が何人《なんぴと》にも怪しまれずに、こんなに遠くまで来ていたというは珍しい。故に昔の人もこれらの実例の中で、特に前後の事情の不可思議なるものを迷子と名づけ、冒瀆《ぼうとく》を忌まざる者は、これを神隠しとも呼んでいたのである。

村々の隣に遠く野山の多い地方では、取り分けてこの類の神隠しが頻繁で、哀れなることには隠された者の半数は、永遠に還って来なかった。私は以前盛んに旅行をしていた頃、力《つと》めて近代の地方の迷子の実例を、聞いておこうとしたことがあった。伊豆の松崎で十何年前にあったのは、三日ほどしてから東の山の中腹に、一人で立っているのを見つけ出した。そこはもう何度となく、捜す者が通行したはずだのにと、後々まで土地の人が不思議にした。なおそれよりも前に、上総《かずさ》の東金《とうがね》付近の村では、これも二、三日してから山の中の薄《すすき》の叢《くさむら》の中に、しゃがんでいたのをさがし出したが、それから久しい間、抜け殻のような少年であったという。

珍しい例ほど永く記憶せられるのか。古い話には奇抜なるものが一層多い。親族が一心に祈禱をしていると、夜分雨戸にどんと当たる物がある。明けてみるとその児が軒下に来て立っていた。あるいはまた板葺き屋根の上に、どしんと物の落ちた響きがして、驚いて出てみたら、気を失ってその児が横たわっていたという話もある。もっとえらいのになると、二十年もしてから阿呆《あほう》になってひょっこりと出て来た。元の四つ身の着物を着たままで、縫目が弾《はじ》けて綻《ほころ》びていたなどと言い伝えた。もちろん精確なる記録は少なく、概して誇張した噂のみのようであった。学問としての研究のためには、更に今後の観察を要するはもちろんである。

○愛知県北設楽《きたしだら》郡段嶺《だみね》村大字豊邦字笠井島の某という十歳ばかりの少年が、明治四十年頃の旧九月三十日、すなわち神送りの日の夕方に、家の者が白餅《しろもち》を造るのに忙しい最中、今まで土間にいたと思ったのが、わずかの間に見えなくなった。最初は気にもしなかったが、神祭りを済ましてもまだ姿が見えず、あちこちと見てあるいたが行方が知れぬので、とうとう近所隣までの大騒ぎとなった。方々捜しあぐんで一旦家の者も内に入っていると、不意におも屋の天井《てんじょう》の上に、どしんと何物か落ちた様な音がした。驚いて梯子《はしご》を掛けて昇ってみると、少年はそこに倒れている。抱いて下へ連れて来てよく見ると、口のまわりも真白に白餅だらけになっていた。（白餅というのは神に供える粢《しとぎ》のことで、生の粉を水でかためただけのものである）。気の抜けたようになっているのを介抱して、いろいろとして尋ねてみると少年はその夕方に、何時の間にか御宮の杉の樹の下に往《い》って立っていた。するとそこへ誰とも知らぬ者がやって来て彼を連れて行った。多勢の人にまじって木の梢を渡りあるきながら、処々方々の家をまわって、行く先々で白餅や汁粉などを沢山御馳走になっていた。最後にはどこか知らぬ狭いところへ、突き込まれるようにして投げ込まれたと思ったが、それが我家の天井であったという。それからややしばらくの間その少年は、気が疎くなっていたようだったと、同じ村の今三十五、六の婦人が話をしたという[11]（早川孝太郎君報）。

石川県金沢市の浅野町で、明治十年頃に起こった出来事である。徳田秋声《とくだしゅうせい》[12]君の家の隣家の二十歳ばかりの青年が、ちょうど徳田家の高窓の外にあった地境《じざかい》の大きな柿の樹の下に、下駄《げた》を脱ぎ棄てたままで行方不明になった。これも捜しあぐんでいると、不意に天井裏にどしんと物の堕《お》ちた音がした。徳田君の令兄が頼まれて上ってみると、その青年が横たわっているので、背負うて降ろしてやったそうである。木の葉を噛《か》んでいたと見えて、口の端を真っ青にしていた。半分正気付いてから仔細《しさい》を問うに、大きな親爺に連れられて、諸処方々をあるいて御馳走を食べて来た。また行かねばならぬといって、駆け出そうとしたそうである。もっとも常から少し遅鈍な質《たち》の青年であった。その後どうなったかは知らぬという（徳田秋声君談）。

紀州西牟婁《にしむろ》郡三栖《みす》の米作という人は、神に隠されて二昼夜してから還って来たが、その間に神に連れられ空中を飛行し、諸処の山谷を経廻《へめぐ》っていたと語った。食物はどうしたかと問うと、握り飯や餅菓子などたべた。まだ袂《たもと》に残っていると言うので、出させてみるに皆柴の葉であった。今から九十年ほど前のことである。また同じ郡岩田の万蔵という者も、三日目に宮の山の笹原の中で寝ているのを発見したが、はなはだしく酒臭かった。神に連れられて摂津《せっつ》の西ノ宮に行き、盆の十三日の晩、多勢の集まって酒を飲む席にまじって飲んだと言った。これは六十何年前のことで、共に宇井可道翁の『璞屋《ぼくおく》随筆』の中に載せられてあるという（雑賀《さいが》[13]貞次郎君報）。

大正十五年二月の国民新聞に出ていたのは、遠州相良在《さがらざい》の農家の十六の少年、夜中の一時頃に便所に出たまま戻らず、しばらくすると悲鳴の声が聞こえるので、両親が飛び起きて便所を見たがいない。段々に声を辿《たど》って行くと、戸じまりをした隣家の納屋の中に、兵《へ》児《こ》帯《おび》と褌《ふんどし》をもって両手足を縛られ、梁《はり》から兎《うさぎ》つるしに吊《つる》されていた。早速引き卸《おろ》して模様を尋ねても、便所の前に行ったまでは覚えているが、それから先のことは少しも知らぬ。ただふと気がついたから救いを求めたと言っていた。奇妙なことには納屋には錠がかかって、親たちは捻《ね》じ切って入った。周囲は土壁で何者も近よった様子がなかったという。警察で尋ねてみたら、今少し前後の状況が知れるかも知れぬと思う。

不意に窮屈な天井裏などに入って倒れたということは、到底我々には解釈し得ない不思議であるが、地方には意外にその例が多い。また沖縄の島にもこれとやや似た神隠しがあって、それを物迷いまたは物に持たるると言うそうである。[14]比嘉《ひが》春潮君の話によれば、かの島でモノに攫《さら》われた人は、木の梢や水面また断崖絶壁のごとき、普通に人のあるかぬところを歩くことが出来、また下水の中や洞窟床下等をも平気で通過する。人が捜している声も姿もはっきりとわかるが、こちらからは物を言うことが出来ぬ。洞窟の奥や水の中で発見せられた実例も少なくない。こういう狭い場処や危険なところも、モノに導かれると通行が出来るのだが、ただその人が屁《へ》をひるときはモノが手を放すので、たちまち絶壁から落ちることがある。水に溺れる人にはこれが多いように信じられているそうである。備中賀陽《かや》の良藤という者が、狐の女と婚姻して年久しく我が家の床下に住み、多くの児女を育てていたという話なども、昔の人には今よりも比較的信じやすかったものらしい。

九　神隠しに遭いやすき気質あるかと思う事

変態心理の中村古峡《こきょう》君[15]なども、かつて奥州七戸《しちのへ》辺の実例について、調査をせられたことがあった。神に隠されるような子供には、何かその前から他の児童と、ややちがった気質があるか否か。これが将来の興味ある問題であるが、私はあると思っている。そうして私自身なども、隠されやすい方の子供であったかと考える。ただし幸いにしてもう無事に年を取ってしまって、そういう心配は完全になくなった。

私の村は県道に沿うた町並で、山も近くにあるのはほんの丘陵であったが、西に川筋が通って奥在所は深く、やはりグヒンサンの話の多い地方であった。私は耳が早くて怖い噂を沢山に記憶している児童であった。七つの歳であったが、筋向かいの家に湯に招かれて、秋の夜の八時過ぎ、母より一足さきにその家の戸口を出ると、不意に頬冠《ほおかむ》りをした屈強な男が、横合から出て来て私を引っ抱え、とっとっと走る。怖ろしさの行き止まりで、声を立てるだけの力もなかった。それが私の門まで来ると、くぐり戸の脇に私をおろして、すぐに見えなくなったのである。もちろん近所の青年の悪戯《いたずら》で、後にはおおよそ心当たりも付いたが、その男は私の母が怒るのを恐れてか、断じて知らぬとどこまでも主張して、結局その事件は不可思議に終わった。宅ではとにかく大問題であった。多分私の眼の色がこの刺戟のために、すっかり変わっていたからであろうと想像する。

それからまた三、四年の後、母と弟二人と茸狩《きのこがり》に行ったことがある。遠くから常に見ている小山であったが、山の向こうの谷に暗い淋《さび》しい池があって、しばらくその岸へ下りて休んだ。夕日になってから再び茸をさがしながら、同じ山を越えて元登った方の山の口へ来たと思ったら、どんな風にあるいたものか、またまた同じ淋しい池の岸へ戻って来てしまったのである。その時も茫《ぼう》としたような気がしたが、えらい声で母親がどなるのでたちまち普通の心持ちになった。この時の私がもし一人であったら、恐らくはまた一つの神隠しの例を残したことと思っている。

○

これも自分の遭遇ではあるが、あまり小さい時のことだから、他人の話の様な感じがする。四歳の春に弟が生まれて、自然に母の愛情注意も元ほどでなく、その上にいわゆる虫気があって、機嫌の悪い子供であったらしい。その年の秋のかかりではなかったかと思う。小さな絵本を貰って寝ながら看《み》ていたが、しきりに母に向かって神戸には叔母さんがあるかと尋ねたそうである。実はないのだけれども他のことに気を取られて、母はいい加減な返事をしていたものと見える。その内に昼寝をしてしまったから安心をして目を放すと、しばらくして往ってみたらもういなかった。ただし心配をしたのは三時間か四時間で、いまだ鉦太鼓の騒ぎには及ばぬうちに、幸いに近所の農夫が連れて戻ってくれた。県道を南に向いて一人で行くのを見て、どこの児だろうかと言った人も二、三人はあったそうだが、正式に迷子として発見せられたのは、家から二十何町（二十町↓約二・二キロメートル）離れた松林の道傍であった。折よくこの辺の新開畠《しんかいばた》に来て働いていた者の中に、隣の親爺がいたために、すぐに私だということが知れた。どこへ行くつもりかと尋ねたら、神戸の叔母さんのところへと答えたそうだが、自分の今幽《かす》かに記憶しているのは、抱かれて戻って来る途《みち》の一つ二つの光景だけで、その他はことごとく後日に母や隣人から聴いた話である。前の横須賀から東京駅まで来た女の児の話を聴いても、自分はおおよそ事情を想像し得る。よもやこんな子が一人でいることはあるまいと思って、駅夫も乗客もかえってこれを怪しまなかったのだろうが、外部の者にも諒解し得ず、自身も後には記憶せぬ衝動があって、こんな幼い者に意外なことをさせたので、調べてみたら必ず一時性の脳の疾患であり、また体質か遺伝かに、これを誘発する原因が潜んでいたことと思う。昔は七歳の少童が庭に飛び降って神怪驚くべき言を発したという記録が多く、古い信仰では朝野共に、これを託宣と認めて疑わなかった。それのみならず特にその様な傾向ある小児を捜し出して、至って重要なる任務を託していた。因童《よりわらわ》というものがすなわちこれである。一通りの方法で所要の状態に陥らない場合には、一人を取り囲んで多勢で唱え言をしたり、または単調な楽器の音で四方からこれを責めたりした。警察などがやかましくなって後は、力《つと》めて内々にその方法を講じたようだが、以前は随分頻繁にかつ公然と行われたものとみえて、今もまま事と同様にこれを模倣した小児の遊戯が残っている。「中の中の小坊主」とか「かアごめかごめ」と称する遊びは、正しくその名残である。大きくなって世の中へ出てしまうと、もう我々のごとく常識の人間になってしまうが、成長のある時期にその傾向が時あって顕《あらわ》れるのは、恐らくは説明可能なる生理学の現象であろう。神に隠されたという少年青年には、注意して見れば何か共通の特徴がありそうだ。さかしいとか賢いとかいう古い時代の日本語には、普通の児のように無邪気でなく、何らかやや宗教的ともいうべき傾向をもっていることを、包含していたのではないかとも考える。物狂いという語なども、時代によってその意味はこれとほぼ同じでなかったかと思う。

一〇　小児の言によって幽界を知らんとせし事

運強くして神隠しから戻って来た児童は、暫《しばら》くは気抜けの体《てい》で、大抵はまずぐっすりと寝てしまう。それから起きて食い物を求める。何を問うても返事が鈍く知らぬ覚えないと答える者が多い。それをまた意味あり気に解釈して、たわいもない切れ切れの語から、神秘世界の消息を得ようとするのが、久しい間の我が民族の慣習であった。しかも物々しい評判のみが永く伝わって、本人はと見ると平凡以下のつまらぬ男となって活《い》きているのが多く、天狗のカゲマなどと言って人がこれを馬鹿にした。

この連中の見聞談は、若干の古書の中に散見している。鋭い眼をした大きな人が来いと言ったから付いて往《い》った。どこだか知らぬ高い山の上から海が見えた里が見えたの類の、漠然たる話ばかり多い。ところがこれとは正反対にごくわずかな例外として、むやみに詳しく見て来た世界を語る者がある。江戸で有名な近世の記録は[16]『神童寅吉《とらきち》物語』、神界にあって高山嘉津間《たかやまかつま》と呼ばれた少年の話である。これ以外にも平田派の神道家が、最も敬虔《けいけん》なる態度をもって筆記した神隠しの談がいくつかあるが記録の精確なるために、いよいよ談話の不精確なことがよく分かる。各地各時代の神隠しの少年が、見て来たと説くところには、何一つとして一致した点がない。つまりはただその少年の智識経験と、貧しい想像力との範囲より、少しでも外へは出ていなかったのである。

故に神道があまり幽冥道《ゆうめいどう》を説かぬ時代には、見て来た世界は仏法の浄土や地獄であった。『続鉱石集』の下の巻に出ている『阿波国《あわのくに》不朽物語』などはその例で、その他にも越中の立山、外南部《そとなんぶ》の宇曾利山《うそりやま》で、地獄を見たという類の物語も、正直な人が見たと主張するものは、すべて皆この系統の話である。

○

『黒甜瑣語《こくてんさご》』第一編の巻三に曰く、世の物語に天狗のカゲマと云ふことありて、爰《ここ》かしこに勾引《こういん》さるゝあり。或は妙義山に将《も》て行かれて奴《やっこ》となり、あるいは讃岐《さぬき》の杉本坊の客となりしとも云ふ。秋田藩にてもかゝる事あり。元禄の頃仙北稲沢村の盲人が伝へし不思議物語にも多く見え、下賤《げせん》の者には別して拘引さるゝ者多し。近くは石井某が下男は、四五度もさそはれけり。始は出奔せしと思ひしに、某者の諸器縕袍《おんぼう》も残りあれば、それとも言はれずと沙汰せしが、一月《ひとつき》ばかりありて立帰れり。津軽を残らず一見して、委《くわ》しきこと言ふばかり無し。其後一年ほど過ぎて此男の部屋何か騒がしく、宥《ゆる》して下されと叫ぶ。人々出て見しに早くも影無し。此度も半月ほど過ぎて越後より帰りしが、山の上にてかの国の城下の火災を見たりと云ふ。諸人委しく其事を語らせんとすれども、辞を左右に托して言はず。若し委曲《いきょく》を告ぐれば身の上にも係《かかわ》るべしとの戒を聞きしと也。四五年を経て或人に従ひ江戸に登りしに、又道中にて行方無くなれり。此度は半年ほどして、大阪より下れりと云ふ。

右の話の始めにある『不思議物語』という本は、この他にも沢山の珍しい記事を載せてあるらしい。二百数十年前の盲人の談話ときいて、ことに一度見たいと思っている。江戸の人の神に隠された話は、また新井白石も説いている。白石先生手簡、年月不明、小瀬《おぜ》復《ふく》菴《あん》に宛てた一通には、次のごとく記してある。

七月七日の夜、某旧識の人の奴僕《ぬぼく》一人、忽《たちまち》に所在を失ひ候。二月二日には、御直参《ごじきさん》の人にて文筆共当時の英材、某多年の旧識、是も所在を失し、二十八日に帰られ候。其事の始末は、鬼の為に誘はれ、近く候山々経歴し見候。此外二三人失《う》せし者をも承り候へ共、それらは某見候者にも無く候。たしかに目撃候間、如此《かくのごとき》の事また候へば云々（末の方は誤写があるらしい）。

○

『仙童寅吉物語』は舞台が江戸であっただけに、出た当時からすでに大評判となり、少なからず近世のいわゆる幽界研究を刺戟した。今でも別様の意味において貴重なる記録である。知っている人も多いと思うが、大正十四年の四月に、周防《すおう》宮市の天行居から刊行した『幽冥界研究資料』と題する一書は、この類の珍本のいくつかを合せて覆刻している。『嘉津間答問』四巻付録一巻は、すなわち前にいう寅吉の談話筆記で、平田翁[17]の手を経て世に公にせられたものであるが、別にそれ以外に『幸安仙界物語』三巻、紀州和歌山のある浄土寺の小僧が、白髪の老翁に導かれてしばしば名山に往来したという話であり、『仙界真語』一巻は、尾州の藩医柳田泰治の門人沢井才一郎という者が、遠州秋葉山に入って神になったという一条で、いずれも十七歳の青年の異常なる実験を、最も誠実に記述したものである。高山嘉津間の方は七歳の時から、上野《うえの》の山下で薬を売る老人につれられ、時々常陸《ひたち》のある山に往来していたと語っているが、実際にいなくなったのは十四の歳の五月からで、十月ほどして還って来て、いとも饒舌《じょうぜつ》に霊界の事情を語っていた。遍《あまね》く諸州を飛行したそうだが、本居《ほんきょ》は常陸の岩間山の頂上にあった。紛れもなく天狗山人の社会で、方式にも教理にも修験道《しゅげんどう》の香気が強かったが、あの時代の学者たちは一種の習合をもって、自派の神道の闡明《せんめい》にこれを利用した。それでも不用意なる少年の語の中には、あまりなる口から出まかせがあって、指摘し得べき前後の矛盾さえ多かったのだが、それは記憶の誤りだろう、隠すのだろう、あるいは何か凡慮に及ばぬ仔細《しさい》があるのだろうと、ことごとく善意に解しようとした跡がある。非常なる骨折りであった。これに比べると紀州の幸安の神隠しは、三十年あまりも後のことであるが、この期間の日本の学問の進歩は、はや著しくその話の内容に反映している。幸安はまず和歌山近くの花山というに登り、それから九州某地の赤山というところに往ったと語ったが、赤山の住侶《じゅうりょ》はいずれも仙人で、各々『雲笈《うんきゅう》七籤《しちせん》』にでもあるような高尚な漢名を持っていた。天狗などは身分の低いものだと、大いにこれを軽蔑している。また支那にも飛べば北亜細亜《きたアジア》の山にも往ったとあって、その叙説の不精確さは正《まさ》に幕末頃の外国地理の智識であった。よくもこんな話が信じられたと、今の人ならば驚くのが当然だが、道教の神秘も日本の固有信仰がこれを支配し得るかのごとく、曲解し得るだけ曲解するのが、言わばあの時代の学風であったので、すなわち沢山の夢語りも、やはり平田翁一派の研究以外へは、一足だって踏み出してはいないのである。

名古屋の秋葉大権現の神異に至っては、話が更に一段と単純になっている。これは前にいう紀州の事件よりも、また十五年も後のことであるが、これに参加した人たちが学問に深入りしなかった故に、古風な民間の信仰の清らさを留めている。すなわち神隠しの青年は口で喋々《ちょうちょう》と奇瑞《きずい》を説かなかった代わりに、我々の説明し得ないいろいろの不思議が現れ、それを見たほどの者は一人として疑い怪しむことが出来なかった。そうして多くの信徒の興奮と感激との間に、当の本人は霊魂のみを大神に召されて、若い骸《むくろ》を留めて去ったのである。およそ近代の宗教現象の記録として、これほど至純なる資料は実は多くない。身親しくこの出来事を見聞した者の、感を深め信心を新たにしたことも、誠に当然の結果のように思われる。ただ我々の意外とすることは、こういう珍しいいろいろの実験を並べてみて、一方が真実なら他方は誤りでなければならぬほどの不一致には心付かず、幽界の玄妙なる、何のあらざることあらんやと、一切の矛盾を人智不測の外に置こうとした、後世の学徒の態度であった。もし盲信でなければ、これは恐らく同種の偽物《にせもの》に対する寛容であって、やがては今日のごとき鬼術横行の原因をなしたものとも言い得られる。

江戸の高山嘉津間、和歌山の島田幸安らの行末《ゆくすえ》はどうであったか。今なら尋ねてみたらまだ消息が知れるかもしれぬ。もし彼らの行者生活が長く続いていたとすれば、これらの覚書類は時の進むとともに、幾度かその価値を変化しているはずである。少なくとも口で我々にあんなことを説いて聞かせても、もう今日では耳を傾ける者はあるまい。故に書物になって残っているというだけで、特段にこれを尊重すべき理由はない道理である。

一一　仙人出現の理由を研究すべき事

「うそ」と「まぼろし」との境は、決して世人の想像するごとく、はっきりしたものでない。自分が考えても、なおあやふやな話でも、何度となくこれを人に語り、かつ聴く者が毎《つね》に少しもこれを疑わなかったなら、ついには実験と同じだけの、強い印象になって、後にはかえって話し手自身を動かすまでの力を生ずるものだったらしい。昔の精神錯乱と今日の発狂との著しい相異は、実は本人に対する周囲の者の態度にある。我々の先祖たちは、むしろ怜悧《れいり》にしてかつ空想の豊かなる児童が時々変になって、凡人の知らぬ世界を見て来てくれることを望んだのである。すなわち沢山の神隠しの不可思議を、説かぬ前から信じようとしていたのである。

室町時代の中頃には、若狭《わかさ》の国から年齢八百歳という尼が京都へ出て来た。また江戸期の終わりに近くなってからも、筑前の海岸に生まれた女で、長命して二十幾人の亭主を取り替えたという者が、津軽方面に出現した。その長命に証人はなかったが、両人ながら古いことを知ってよく語ったので、聴く人はこれを疑うことが出来なかった。ただしその話は申し合わせたように源平の合戦、義経弁慶の行動などの外には出なかった。それからまた常陸房海尊《ひたちぼうかいそん》の仙人になったのだという人が、東北の各地には住んでいた。もちろん義経の事蹟、ことに屋島壇の浦高館《たかだち》等、『義経記』や『盛衰記』に書いてあることを、あの書をそらで読む程度に知っていたので、全くそのために当時彼が真の常陸房なることを一人として信用せざる者はなかったのである。

今日の眼から見れば、これを信ずるのは軽率のようであり、欺く本人も憎いようだが、恐らくは本人自身も、常陸房であり、ないしは八百比丘尼《びくに》なることを、何かわけがあって固く信じていたものと思われる。それも決してあり得ざることではない。参河《みかわ》の長篠《ながしの》地方でおとらという狐に憑《つ》かれた者は、きっと信玄や山本勘助の話をする。この狐もまた長生で、かつて武田合戦を見物していて怪我をしたという説などが行われていたために、その後憑かれた者が、皆その合戦を知っているような気持ちにならずにはおられなかったのである。

○

若狭の八百比丘尼は本国小浜《おばま》のある神社の中に、玉椿《たまつばき》の花を手に持った木像を安置しているのみではない。北国は申すに及ばず、東は関東の各地から、西は中国四国の方々の田舎に、この尼が巡遊したと伝うる故跡は数多く、大抵は樹を栽え神を祭り、時としては塚を築き石を建てている。それが単なる偶合でなかったと思うことは、どうしてその様に長命をしたかの説明にまで、書物を媒介とせぬ一部の一致と脈絡がある。つまりは霊怪なる宗教婦人が、かつて巡国をして来たことはあったので、その特色は驚くべき高齢を称しつつ、しかも顔色の若々しかった点にあったのである。人は随分と白髪の皺《しわ》だらけの顔をしていても、八百といえば嘘だと思わぬ者はないであろうに、とにかくにこれを信ぜしめるだけの、術だか力だかは持っていたのである。それが一人かはた幾人もあったのかは別として、京都の地へも文安から実徳の頃に、長寿の尼が若狭からやって来て、毎日多くの市民に拝まれたことは、『臥雲日件録《がうんにっけんろく》』にも書いてあれば、また『康富記《やすとみき》』などにもちゃんと日記として載せてあるから、それを疑うことは出来ないのである。もっともこの時代は七百歳の車僧《くるまぞう》のように、長生を評判にする風は流行であった。しからば何か我々の想像し得ない方法が、これを証明していたのかも知れぬが、何にしても『平家物語』や『義経記』の非常な普及が、初めて普通人に年代の智識と、回顧趣味とを鼓吹《こすい》したのはこの時代だから、この丘尼の昔語りは諸国巡歴のために、大なる武器であったことと思う。ただ自分たちの想像では、単なる作りごとではこれまでに人は欺き得ない。あるいは尼自身も特殊の心理から、自分がその様な古い嫗《おうな》であることを信じ、まのあたり義経弁慶一行の北国通過を、見ていたようにも感じていた故に、その言うことが強い印象となったのではなかろうか。越中立山の口碑では、結界《けっかい》を破って霊峰に登ろうとした女性の名を、若狭の登宇呂《とうろ》の姥《うば》と呼んでいる。もしこの類の山で修行した巫女《ふじょ》が自身にそういう長命を信じている習いであったら、後に説こうとする日向《ひゅうが》小菅《こすげ》岳の山女が、山に入って数百年を経たと人に語ったというのも、必ずしも作り話ではないことになるのである。やたらに人の不誠実を疑うにも及ばぬのである。

◯

常陸坊海尊の長命ということは、今でもまだ陸前の[18]青麻《あおそ》権現《ごんげん》の信徒の中には、信じている人が大分あって、これを疑っては失礼に当たるか知らぬが、実はこの信仰には明らかに前後の二期があって、その後期においては海尊さまはもう人間ではなかったのである。これに反して足利時代の終わりに近く、諸国にこの人が生きていたという話の多いのは、まさしく八百比丘尼と同系統の現象であった。ことのついでに少しくあの頃の世間の噂を比較してみると、例えば会津の実相寺の二十三世、桃林契悟《とうりんけいご》禅師《ぜんじ》号は残夢、別に自ら秋風道士とも称した老僧はその一人であった。和尚《おしょう》は奇行多く、また好んで源平の合戦その他の旧事を談ずるに、あたかも自身その場にいて見た者のごとくであった。無々と言う老翁の石城《いわき》郡に住する者、かつて残夢を訪ねて来て、二人でしきりに曾我《そが》の夜討のことを話していたこともあった。しかも曾我とか源平合戦とかが、もうちゃんと書物になっていることを知らず、あまり詳しいので喫驚《びっくり》するような人が、まだこの地方には多かったらしいのである。年を尋ねると百五、六十と答え、強いて問いつめるとかえって忘れたと言って教えなかった。しからば常陸坊海尊だろうと噂したというのは、恐らくはこの頃すでにかの仙人がまだ生きてどこかにいるように、評判する者があったからであろう。また別の伝えには福仙という鏡研《かがみと》ぎが来た。残夢これを見て彼は義経公の旗持ちだったというと、福仙もまた人に向かって、残夢は常陸坊だと告げたともいうが、そんなことをすれば露《あらわ》れるにきまっている。しかも和尚は天正四年の三月に、たくましい一篇の偈《げ》を留めて円寂《えんじゃく》し、墓もその寺にあるにかかわらず、その後なお引き続いて常陸坊が生きているという説は行われた。『本朝故事因縁集』には、海尊遁《に》げ去りて富士山に入る、食物無し、石の上に飴《あめ》の如き物多し、之を取りて食してより又飢うること無く、三百年の久しき木の葉を衣として住む。近代信濃の深山に岩窟あり、之に遊びて年未だ老いずとある。山におりきりの仙人ならば、こんな歴史も伝わらぬ道理で、やはり時々は若狭の尼のように人間の中に入って来ていたのである。能登の狼煙《のろし》村の山伏山では、常陸坊はこの地まで来て義経と別れ、仙人になってこの山に住んだ、おりおりは山伏姿で出て来たと『能登国名跡志』に書いてあるが、それでは高館衣川《ころもがわ》の昔話をするのに、はなはだ勝手が悪かったわけである。加賀には残月という六十ばかりの僧、かつて犀川《さいがわ》と浅野川の西東に流れていた時を知ってると言った。越後の田中という地に来て、小松原宗雪なる者と同宿し、穀を絶ち松脂《まつやに》を服して暮らしていたが、誰言うともなく残月は常陸坊、小松原は亀井六郎だと評判せられた。人が『義経記』を読んで聴かせると、覚えず釣り込まれてその頃の話をしたと『提醒紀談《ていせいきだん》』巻一にあるが、亀井と馬が合うたとすれば、能登で別れてしまったのではなさそうだ。『広《こう》益俗説弁《えきぞくせつべん》』巻十三には、海尊高館の落城に先だって山に遁《のが》れ、仙人となって富士浅間湯殿《ゆどの》山などに時々出現するとあるが、羽前最上《もがみ》郡古口《ふるくち》村の外川《とかわ》神社の近くにも、海尊仙人が住んでいたという口碑ありまた陸前気仙《けせん》郡の唐丹《とうに》の観音堂の下にも、昔常陸坊が松前から帰りがけにこの地を通って、これは亀井の墓だと別当山伏の成就院に、指さし教えたと伝うる墓があった。永い年月にはどこへでも往《い》ったろうが、それにしてもあまりに口が多く、また話が少しずつ喰い違っているのは、やはり沢山の同名異人があったためではなかったか。ことに寛永の初年に陸中平泉の古戦場に近い山中で、仙台の藩士小野太左衛門が行き逢うたというのは、よほど怪しい常陸坊であった。源平時代の見聞を語ること、親しくこれを歴《へ》た者の通りであった故に、小野は直ちに海尊なることを看破し、就いて兵法を学び、またうやうやしく延年益寿《えんねんえきじゅ》の術を訊ねた。異人答えて曰くもと修するの法無し、かつて九《く》郎判官《ろうほうがん》に随従して高館にいるとき、六月衣川に釣して達谷《たっこく》に入る。一老人あり招きて食を供す。肉ありその色は朱のごとく味美なり、仁羹《じんこう》と名づく。従者怪しみて食わず、これを携えて帰る。その女子これを食いまた不死であったが、天正十年までいていずれへか往ってしまったと語った。この話は若狭越中その他の地方において、八百比丘尼の長生の理由として、語り伝うるものと全然同じで、仁羹はすなわち人魚の肉であった。日本の仙人が支那のように技術の力でなく、到底習得し難い身の運のようなものを具《そな》えていたことを、説明しようとする昔話に過ぎぬのだが、これをさえ受け売りするからには仙翁でもなかったのである。しかるにもかかわらず、小野太左衛門はその説に感歎して、これを主人の伊《だ》達《て》政宗《まさむね》に言上《ごんじょう》し、後日に清悦御目見《せいえつおめみ》えの沙汰があった。清悦とはこの自称長寿者の後の名で、現今行われている『清悦物語《せいえつものがたり》』の一書は、彼が『義経記』を一読してこれは違っていると言い、自ら口授したところの源平合戦記であった。『吾妻鏡《あずまかがみ》』や『鎌倉実記』と比較して、一致せぬ点が多いというのは当たり前以上である。しかし出来事の評判は非常であったとみえて、寛永以後なお久しい間、清悦の名は農民の頭から消えなかった。岩切の青麻権現の岩窟に出現したのは、それからおよそ五十年の後、ちょうど『清悦物語』が世に出てから、十五年目の天和二年であったという。鈴木所兵衛という信心深い盲人が、彼に教えられて天に禱《いの》り、目が開いたという奇跡もあった。その時は気高い老人の姿で現れて、吾は常陸坊海存《かいそん》、今の名は清悦である。久しく四方を巡って近頃下野《しもつけ》の大日窟にいたが、これからはここへ来て住もう、この窟には何神を祭ってあるかと尋ねるので、大日不動虚《こ》空蔵《くうぞう》の三尊だと答えると、それは幸いのことだ、自分の念ずるのも日月星、今より三光穴と名づくべしと言って、すなわち岩窟に入って鉄鏁《てつさ》をもって上下した。これが人魚を食べた常陸坊の、また新たなる変化であった。ただしこの縁起はそれから更に八十余年を経て、再びこの社が繁昌《はんじょう》した後のもので、以前の形のままか否かは疑わしい。近年になっては一般に、常陸坊は天狗だと信じられていた。常陸国の阿波《あわ》の大杉大明神も、この人を祭るという説があり、特別の場合の他は姿を見ることが出来なかった。しかも一方には因縁がなお繫《つな》がって、おりおりは昔の常陸坊かも知れぬという老人が、依然として人間にまじって遊んでいた。

話が長過ぎたが、やはり付け添えておく必要がある。青麻権現の奇跡と同じ頃に、同じ仙台領の角田《かくだ》から白石《しろいし》の辺にかけて、村々の旧家に奇寓してあるいた白石翁という異人があった。身のたけ六尺（約百八十センチ）眼光は流電のごとく、またなかなかの学者で神儒二道の要義に通じていた。この翁の特徴は紙さえ見れば字をかくことと、それからまた源平の合戦を談ずることとであった。年齢は言わぬが誰を見てもセガレと呼び、角田の長泉寺の天鑑《てんがん》和尚などは、百七つまで長命したのに、やはりセガレをもって交わっていた。ある時象棋《しょうぎ》をさしていて、ふと曲淵正左衛門の事を言い出したが、この人は二百年前にいた人であった。身元が知れぬので色々の風説を生じ、あるいは甲州の山県昌景かといい、信玄の次男の瞽聖堂《こせいどう》の子かともいい、あるいは又清悦であらうともいった。元禄六年の二月十八日に、白石在の某家でたしかに病没したのだが、それから十何年の後、或商人が京都に旅行して、途中で白石翁を見たという話も伝わっていたから、仮に海尊であったとしても理窟だけは合うのである（以上、『東藩野乗《とうはんやじょう》』下巻及び『封内風土記』四）。

さてこれらの話を集めてみて、結局目に立つのは常に源平の合戦を知っていることが、長命の証拠になったという点である。東北地方の旧家のことに熊野神社と関係ある者は、最も弁慶や鈴木亀井の武勇談を愛好し、なるだけ多く聴きたいという希望が、ついに『義経記』のごとき地方の文学を成長せしめたのだ。これに新材料を供与する人ならば、異常の尊敬を受けたのは当然である。それも作り事と名乗っては人が承知せぬのが普通であった。すなわち座頭の坊の物語が夙《はや》くから、当時実際に参与した勇士どもの霊の、託言または啓示なることを要したゆえんである。常陸坊は高館落城の当時から、行方不明と伝えられていた故に、後日生霊《いきりょう》となって人に憑《つ》くに差しつかえはなく、また比較的重要でない法師であって、観ていた様子を語るには都合がよかった。だから一時的には吾は海尊と名乗って、実歴風に処々の合戦や旅行を説くことは、いずれの盲法師も昔は通例であったかと思うが、それがあまりに巧妙で傍の者が本人と思ったか、はたまた本人までが常陸坊になりきって、いわゆる見て来たような嘘をついたかは、今日となってはもう断定が出来ぬ。それから第二の点は支那の寒山拾得《かんざんじっとく》の話の如く、残夢は無々と語り福仙と相指ざし、残月は小松原宗雪と同宿し、清悦は小野某を伴い、また白石翁が天鑑和尚を悴《せがれ》と呼んだこと、これも多分は古くからの方式であったろうと思う。陸中江刺郡黒石の正法寺で、石地蔵が和尚に告げ口をしたために、常陸かいかい、どうの身の上が露《あらわ》れた。帰りにその前を通ると地蔵がきな臭いような顔をしたので、さてはこやつが喋ったかと、鼻をねじたといって鼻曲がり地蔵がある。これは紛れもなく海神《わたつみ》の宮の口女《くちめ》であり、また猿の肝の昔話の竜宮の海月《くらげ》であって、こういう者が出て来ないと、やはり話にはなりにくかったのである。だから眼前のただ一つの例を執って、不思議を説明しようとするのは誤った方法である。近くは天命の初年に上州伊香保《いかほ》の木樵《きこり》、海尊に伝授を受けたと称して、下駄灸《げたきゅう》という療治を行ったことが、『翁草《おきなぐさ》』の巻百二十五にも見えている。彼も福仙と同じく義経の旗持ちであったのが、この山に入って自分もまた地仙となったという。下駄だの灸だのという近代生活にまで、なお昔の奥浄瑠璃《おくじようるり》の年久しい影響が、痕《あと》を留めているのはなつかしいと思う。

一二　大和尚に化けて廻国せし狸の事

話が山から出て来たついでに、おかしな先例を今少し列挙してみたい。関東各府県の村の旧家には、狐や狸の書いた書画というものがおりおり伝わり、これに伴うて必ず不思議な話が残っている。大抵は旅の僧侶に化けて、その土地にしばらく止まっていたというのである。どうしてその僧の狸であることを知ったかといえば、後日少しくかけ離れた里で、狗《いぬ》に噛《か》み殺されたという話だからと言うものと、その僧が滞在をしている間、食事と入浴に人のいるのをひどく厭《いや》がる。そっと覗《のぞ》いてみたら食物を膳の上にあけて、口を付けて食べていたからと言うのがあり、また湯殿の湯気の中から、だらりと長い尻尾《しっぽ》が見えたからと言うのもある。書や画は多くは乱暴な、しかも活潑《かっぱつ》な走り書きであった。

この化の皮の露《あらわ》れた原因として、狗に殺されたはいかにも実際らしくない。もし噛まれて死んでいたものの正体が狸であれば、果たしてあの和尚か否かがわからず、和尚の姿で死んでいれば、狸とはなおさら言われない。要するに山芋《やまいも》と鰻《うなぎ》、雀と蛤《はまぐり》との関係も同じで、立ち会いの上で甲から乙へ変化するところを見届けぬ限りは、真の調書は作成し得なかった道理である。恐らくは実は和尚の挙動、あるいはその内々の白状が、この説の基礎をなしたものであったろうと思う。

○

いわゆる狸和尚の話は、鈴木重光君[19]の『相州内郷《うちごう》村話』の数頁が、最も新しくかつ注意深い報告である。同君の居村付近、すなわち小仏《こぼとけ》峠を中心とした武相甲の多くの村には、天明年間に貉《むじな》が鎌倉建長寺の御使僧《ごしそう》に化けたという話と共に、描いて残した書画が多く分布している。鈴木君が自身で見たものは、東京府南多摩郡加住《かすみ》村大字宮下にある白沢《はくたく》の図、神奈川県津久井郡千木良《ちぎら》村に伝わる布袋《ほてい》川渡りの図であったが、後者は布袋らしく福々しいところは少しもなく、何となく貉に似た顔に出来ていた。書は千木良の隣の小原町の本陣、清水氏にも一枚あった。形は字らしいが何という字か判らなかった。それよりも更に奇怪なことは、この僧が狗に噛み殺されて、貉の正体を顕《あらわ》したと伝うる場所が、あるいは書画の数よりも多いかと思うくらい、方々の村にあることである。また建長寺の方でもこの事件は否定せぬそうだ。ただし貉が勧化《かんげ》の使僧を咬《か》み殺して、代わってこれに化けたというかちかち山式風説は認めず、中途で遷化《せんげ》した和尚の姿を借りて、山門再建の遺志を果たしたという他の一説の方を執っており、現に寺にもその貉の書いたものが、二枚も蔵《しま》ってあるというのは、すこぶる次に述べる文福茶釜《ぶんぶくちゃがま》の話と似ている。

右と同様の話はなお沢山あるが、今記憶する二つ三つを挙げてみると、『静岡県安倍《あべ》郡誌』には、この郡大里村大字下島の長田氏には、これも建長寺の和尚に化けて、京に上ると称して堂々と行列を立て、乗り込んで来たという貉があって、その書が今に残っている。横物の一軸に、「悝」というような変な字が一字書いてある。ムジナすなわち狸だという幽《かす》かな暗示とも解せられる。隣区西脇の庄屋荻原氏にも宿泊し、かの家にも一枚あったがそれは紛失した。そうしてやはり後に安倍川の川原で、犬に喰い殺されたと伝えられる。信州下伊那郡泰阜《やすおか》村の温田《ぬくた》というところにも、狸のえがくという絵像のあることが、『伝説の下伊那』という書に報ぜられてある。人の顔に獣の体を取り付けたような不思議な画姿であったという。ただしこれは和尚ではなくて、由《よし》ある京都の公家という触れ込みで、遠州路から山阪を越えてこの村にやって来て泊まった。出入りともに駕籠《かご》の戸を開かず、家の者も見ることを得なかったが、翌朝出発の時に礼だと称して、こんな物を置いて去ったという。この狸はそれから柿野という部落に入って同じことをくりかえし、段々と天竜筋を上って行くうちに上穂《うわほ》の光善寺の飼犬に正体を見現わされ、咬み殺されてしまったというが、その光善寺の犬は例のヘイボウ太郎で、遠州見附の人身御供《ひとみごくう》問題を解説した物語の主人公だから、どこまでが昔話か結局は不明に帰するのである。

『蕉斎《しょうさい》筆記』にはまた次のような話が出ている。三州亀浜の鳴田又兵衛という富人の家へ、安永の初年頃に、京の大徳寺の和尚だというのがただ一人でふらりと遊びに来て、ものの三十日ほども滞在し、頼まれて額だの一行物だのを、いくらともなく書いて還った。あとから挨拶の状を京に上せると、大徳寺の方では和尚いっこうにそんな覚えがないとある。ただしもとこの寺に一匹の狸がいて、夜分縁先《えんさき》に来て法談を聴聞していたが、後に和尚の机の上から石印を盗んでいずれへか往ってしまった。そやつではなかろうかと言っていると、果たして後日の噂には江州大津の宿で、駕籠を乗り替えようとして犬に喰い殺された狸だか和尚だかが、その石印を所持していたそうである。三州の方には屛風《びょうぶ》が一つ残っていた。見事な筆跡であったという。しかしこれだけの材料を綜合して、狸が書家であったと断定することは容易でない。やはり最初から、旅僧の中には稀《まれ》には狸ありという風説が、下染《したぞめ》をなしている必要はあったのである。狐の書という話も例は多いが、『塩尻《あんぱち》』（帝国書院本）の巻六十八及び七十五にも、これと半分ほど似た記事がある。美濃安八郡春近の井上氏に、伝えた書というのがそれであって、その模写を見ると鳥啼花落と立派に書いて、下に梅菴と署名してある。本名は板益亥正、年久しく井上家の後園に住む老狐であって、しばしば人間の形をもって来訪した。筆法以外医道の心得もあり、またよく禅を談じたが、一旦中絶して行方が知れず、どうしたことかと思っていると、ある時村の者が京に上る途《みち》で、これも大津の町で偶然にこの梅菴に行き逢うた。もう年を取って死ぬ日が近くなった。日頃親しくした井上氏と、再会の期もないのは悲しいと落涙し一筆認《したた》めてこれを托し、なお井上が子供にもよく孝行をして学問を怠らぬようにと、伝言を頼んで別れたそうである。梅菴は野狐にして僧、長斎一食なりとあって、何だか支那の小説にでもありそうな話だが、現に鳥啼花落が遺《のこ》っているのだから仕方がない。しかし『宮川舎漫筆《きゅうせんしゃまんぴつ》』巻三には、はや同じ話に若干の相違を伝え、公表せられた狐の書というものにも、野干坊《やかんぼう》元正と麗々と署名がしてあった。

実際この類の狐になると、果たして人に化けたのやら、もしくは人の形になり切っているのやら、その境目がもうはっきりしてはいなかった。それ故にかえって本人の方から、たとえ露骨には名乗らぬまでも、やや自分の狐であることを、暗示する必要があったとみえる。空菴という狐が自ら狐の一字を書したことは『一話一言』にあり、また駿州安倍郡の貉《むじな》は狸という字に紛らわしい書を遺した。しかも他の一方においては、人が狐に化けたという話も近世は存外に多かった。物馴れた旅人が狐の尻尾を腰さげにして、わざとちらちらと合羽《かっぱ》の下から見せ、駕籠屋馬方宿屋の亭主に、尊敬心を起こさせたという噂は興味をもって迎えられ、はなはだしきはあべこべに、狐を騙《だま》したという昔話さえ出来ている。だから私は村々の狸和尚が、いずれも狸の贋物であったとはもちろん言わぬが、少なくともどうしてこれを発見したかは、考えてみる必要があると思うのである。

狐狸の大多数が諸国を旅行する際に、武士にも商人にもあまり化けたがらず、大抵和尚や御使僧になって来たのも曰《いわ》くがあろう。上州茂林寺《もりんじ》の文福茶釜を始めとして、かつて異僧が住してそれが実は狸であり、いろいろと寺のために働いて、後にいなくなったというのみならず、何か末世の手証となる物を、遺して往ったという例は沢山にある。禅宗の和尚たちはこれを怪奇として斥《しりぞ》けず、むしろ意味ありげに語り伝えるのが普通であった。会津のある寺でも守鶴西堂《しゅかくせいどう》の天目《てんもく》を什宝《じゅうほう》とし、稀有《けう》の長寿を説くこと常陸坊海尊同様であったが、その守鶴もやはり何かのついでに微々として笑って、すこぶる自己の実は狸なることを、否定しなかったらしい形がある。東京の近くでは府中の安養寺に、かつて三世の住職に随逐《ずいちく》した筑紫三位という狸があって、それが書いたという寺起立の由来記を存し、横浜在の関村の東樹院には、狸が描くと称する渡唐天神の像もあった（『新篇風土記稿』二十四及び二十八）。建長寺ばかりではないのである。

それからまた有用無害の狐狸がいたという話は、今では多く寺々の管轄の下に帰し、かつは仏徳の如是畜生《にょぜちくしょう》に及んだことを証しているようだが、最初はその全部が僧たちの親切に基いた因縁話でもなかったらしい。今日の思想から判ずれば、狐はこれ人民の敵で、人は汲々乎《きゅうきゅうこ》としてその害を避くるに専《もっぱ》らであるけれども、祀った時代にはいろいろの好意を示し、また必ずしも仏法の軌範の内に跼蹐《きょくせき》していなかった。例えば越後のある山村では、正月十五日の宵に山から大きな声を出して、年の吉凶を予言し、または住民の行為を批判した。『東備郡村誌』によれば、岡山市外の円城村に老狸あり、人に化けて民間に往来し、よく人の言語を学んでしばしば付近の古城の話をした。その物語を聴かんと欲する者、食を与えてこれを請う時んば、一室を鎖《とざ》してその内に入り、惇々《じゅんじゅん》として人のごとくに談じた。しこうして人を害することなし、もっとも怪獣なりとある。三河の長篠《ながしの》のおとら狐に至っては、近世その暴虐ことにはなはだしく住民はことごとく切歯《せっし》扼腕《やくわん》しているのだが、人に憑くときは必ず鳶巣城《とびのすじょう》の故事を談じ、なお進んでは山本勘助の智謀、川中島の合戦のごとき、今日の歴史家があるいは小幡《おばた》勘兵衛の駄法螺《だぼら》だろうと考えている物語までを、ことも細かに叙述するを常とした。単に人を悩ます者がおとらであり、おとらは歳《とし》久しき狐なることを証明するためならば、それほど力を入れずともよいのであった。恐らくはこれも昔はその話を聴くために、狐を招いて来て貰った名残であって、同時にまた諸国の狸和尚、ないしは常陸坊八百比丘尼の徒が、あるいは自分もまた多くの聴衆と同じく、憑いた生霊、憑いた神と同化してしまって、荘子《そうじ》の夢の吾《われ》か胡蝶《こちょう》かを、差別し得ない境遇にあった結果ではないかを考えしめる。

○

近頃でも新聞に毎々出て来るごとく、医者の少しく首を捻《ひね》るような病人は、家族や親類がすぐに狐憑きにしてしまう風が、地方によってはまだ盛んであるが、何ぼ愚夫愚婦でも理由もなしに、そんな重大なる断定をするはずがない。大抵の場合には今までも似たような先例があるから、もしか例のではないかと、以心伝心に内々一同が警戒していると、果たせるかな今日は昨日よりも、一層病人の挙動が疑わしくなり、まず食物の好みの小豆飯《あずきめし》油揚から、次には手つき眼つきや横着なそぶりとなり、こちらでも「こんちきしょう」などと言うまでに激昂する頃は、本人もまた堂々と何山の稲荷《いなり》だと、名を名乗るほどに進んで来るので、要するに双方の相持ちで、もしこれを精神病の一つとするならば、患者は決して病人一人ではないのだ。狸の旅僧のごときも多勢で寄ってたかって、化けたと自ら信ぜずにはおられぬ様に、逆にただの坊主を誘導したものかも知れぬ。

佐渡では新羅王《しらぎおう》書と署名した奇異なる草体の書が、多くの家に蔵せられ、私もそのいくつかを見た。古い物ではあるが、もちろん新羅という国が滅びて後、すでに四、五百年以上もしてからの作に相異ない。天文年間に漂着したとも言い、あるいはもっと後のことだとも言っている。とにかくかつて他処から来た実在の異人であった。後には土地の語を話し、土地の人になってしまった。書ばかり書いている変な人だったと言うが、現にその子孫という家もあって、とにかくに詐欺師ではなかった。自分でも新羅王だと思っており、それをまた周囲の人が少しも疑わなかったために、この様なあり得べからざる歴史が成り立ったものである。

神隠しの少年の後日譚、彼らの宗教的行動が、近世の神道説に若干の影響を与えたのは怪しむに足らぬ。上古以来の民間の信仰においては、神隠しはまた一つの肝要なる霊界との交通方法であって、我々の無窮に対する考え方は、終始この手続きを通して進化して来たものであった。書物からの学問がようやく盛んなるにつれて、この方面は不当に馬鹿にせられた。そうして何が故に今なお我々の村の生活に、こんな風習が遺っていたのかを、説明することすらも出来なくなろうとしている。それが自分のこの書物を書いてみたくなった理由である。

一三　神隠しに奇異なる約束ありし事

神隠しから後に戻って来たという者の話は、更に悲しむべき他の半分の、不可測なる運命と終末とを考える材料として、なお忍耐して多くこれを蒐集《しゅうしゅう》する必要がある。社会心理学という学問は、日本ではまだ翻訳ばかりで、国民のための研究者は何時になったら出て来るものか、今はまだすこしの心当てもない。それを待つ間の退屈を紛らすために、かねて集めてあった二、三の実例を栞《しおり》として、自分はほんの少しばかり、なお奥の方へ入り込んでみようと思う。最初に注意せずにおられぬことは、我々の平凡生活にとって、神隠しほど異常なるかつ予期しにくい出来事は他にないにもかかわらず、単に存外に頻繁でありまたどれもこれもよく似ているのみでなく、別になお人が設けたのでない法則のごときものが、一貫して存するらしいことである。例えば信州などでは、山へ天狗に連れて行かれた者は、跡に履物《はきもの》が正しく揃《そろ》えてあって、一見して普通の狼藉《ろうぜき》、または自身で身を投げたりした者と、判別することが出来ると言っている。そんなことは信じ得ないと評してもよいが、問題は何故に人がその様なことを言い始めるに至ったかにある。

あるいはまた二日とか三日とか、一定の期間捜《さが》して見えぬ場合に、初めてこれを神隠しと推断し、それからはまた特別の方法を講ずる地方もある。七日を過ぎてなお発見し得ぬ場合に、もはや還らぬ者としてその方法を中止する風もある。あるいはまた山の頂上に登って高声に児の名を呼び、これに答うる者あるときはその児いずれかに生存すと信じて、辛うじて自ら慰める者がある。八王子の近くにも呼ばわり山という山があって、時々迷子の親などが、登って呼び叫ぶ声を聴くという話もあった。町内の付き合いまたは組合の義理と称して、各戸総出をもって行列を作り、一定の路筋を廻歴した慣習のごときも、これを個々の事変に際する協力といわんよりは、すこぶる葬礼祭礼などの方式に近く、しかも捜査の目的に向かっては、必ずしも適切なる手段とも思われなかった。この仕来たりには恐らくは忘却せられた今一つ根本の意味があったのである。それを考え出さぬ限りは、神隠しの特に日本に多かった理由も解らぬのである。

○

全体にこの実例はおいおいと少なくなって、今では話ばかりがなお鮮明に残っている。神隠しという語を用いぬ地方もすでにあるが、狐に騙《だま》されて連れて行かれるといい、または天狗にさらわれるといっても、これを捜索する方法はほぼ同じであった。単に迷子と名づけた場合でも、やはり鉦《かね》太鼓の叩き方は、コンコンチキチコンチキチの囃子《はやし》で、芝居で釣狐《つりぎつね》などというものの外には出でなかった。しかもそれ以外になお叩く物があって、各府県の風習は互いによく似ていたのである。例をもって説明するならば、北大和の低地部では、狐にだまされて姿を隠した者を捜索するには、多人数で鉦と太鼓を叩きながら、太郎かやせ子かやせ、または次郎太郎かやせと合唱した。この太郎次郎は子供の実名とは関係なく、いつもこういって喚《よ》んだものらしい。そうして一行中の最近親の者、例えば父とか兄とかは、一番後に下って付いて行き、一升桝《ます》（約一・八リットル）を手に持って、その底を叩きながらあるくことに定まっており、そうすると子供は必ずまずその者の目につくと言っていた（『なら』一八号）。紀州田辺地方でも、鉦太鼓を叩くと共に、櫛《くし》の歯をもって桝の尻を掻いて、変な音を立てる風があった（雑賀君報）。播磨の印南《いんなみ》郡では迷子を捜すのに、村中松明《たいまつ》をともし金盥《かなだらい》などを叩き、オラバオオラバオと呼ばわってあるくが、別に一人だけわざと一町（約百九メートル）ばかり引き下がって、桝を持って木片などで叩いて行く。そうすると狐は隠している子供を、桝を持つ男のそばへほうり出すと言っていた。同国東部の美嚢《みのう》郡などでは、迷子は狐でなく狗賓《ぐひん》さんに隠されたと言うが、やはり捜しにあるく者の中《うち》一人が、その子供の常に使っていた茶碗を手に持って、それを木片をもって叩いてあるいた。越中魚津でも三十年余の前までは、迷子を探すのに太鼓と一升桝とを叩いてあるいた。桝の底を叩くと天狗さんの耳が破れそうになるので、捕えている子供を樹の上から、放して下すものだと信じていたそうである（以上、『土の鈴』九及び一六）。

右のごとき類例を見ていくと、誰でも考えずにいられぬことは、今も多くの農家で茶碗を叩き、また飯櫃《めしびつ》や桝の類を叩くことを忌む風習が、随分広い区域に亘って行われていることである。何故にこれを忌むかという説明は一様でない。叩くと貧乏する、貧乏神が来るというものの他に、この音を聴いて狐が来る、オサキ狐が集まって来ると言う地方も関東には多い。多分はずっと大昔から、食器を叩くことは食物を与えんとする信号であって、転じてはこの類の小さな神を、招き降《お》ろす方式となっていたものであろう。従って一方ではやたらにこの真似をすることを戒め、他の一方ではまたこの方法をもって児を隠す神を喚んだものと思う。俵藤太《たわらとうだ》が持って来た竜宮の宝物に、取れども尽きぬ米の俵があって、後に子孫の者がその俵の尻《しり》を叩くと白い小蛇が飛び出して米が尽きたと称するのも、もし別系統でなければ同じ慣習の変化だと見てよろしい。いずれにしても迷子の鉦太鼓が、その子に聴かせる目的でなかったことだけは、かやせ戻せという唱え言からでも、推定することが難しくないのである。

〇

加賀の能美《のみ》郡なども、天狗の人を隠した話の多かったことは、近年刊行した『能美郡誌』を見るとよくわかる。同じ郡の遊泉寺村では、今から二十年ほど前に伊右衛門という老人が神隠しに遭った。村中が手分けをして捜しまわった結果、隣部落と地境の小山の中腹、土地で神様松と言う傘の形をした松の樹の下に、青い顔をして座っているのを見付けたという。しかるに村の人たちがこの老人を探しあるいた時には、鯖《さば》食った伊右衛門やいと、口々に唱えたという話だが、これは何時でもそう言う習わしで、神様ことに天狗は最も鯖が嫌いだから、こう言えば必ず隠した者を出すものと信じていたのである（立山徳治君談）。琉球《りゆうきゆう》で物迷いと名づけて物に隠された人を探すのにも、部落中の青年は手分けをして、森や洞窟などの中を棒を持ち銅鑼《どら》を叩き、どこそこの誰々やい、赤豆飯《あかまめまい》を食えよと大きな声で呼びまわるという。よく似た話だが、これも神霊がこれを悪《にく》むのか否かは分からぬ。内地の小豆飯《あずきめし》はむしろこの類の神の好むところと考えられている。鯖という魚の信仰上の地位は、詳《つまび》らかに調べてみる必要があるのだが、今までは誰も手を着けていなかった。

◯

不思議な事情からいなくなってしまう者は、決して少年小児ばかりではなかった。数が少なかったろうが成長した男女もまた隠され、そうして戻って来る者もはなはだわずかであった。ただし壮年の男などはよくよくの場合でないと、人はこれを駆け落ちまたは出奔と認めて、神隠しとは言わなかった。神隠しの特徴としては、永遠にいなくなる以前、必ず一度だけは親族か知音の者に、ちらりとその姿を見せるのが法則である様に、ほとんどいずれの地方でも信じられている。盆とか祭の宵とかの人込みの中で、ふと行きちがって言葉などを掛けて別れ、おや今の男はこの頃いないといって家で騒いでいたはずだがと心付き、すぐに取って返して跡を追うてみたが、もうどこへ行っても影も見えなかった、という類の例ならば方々に伝えられている。これらは察するところ、樹下にきちんと脱ぎそろえた履物などと一様に、いかに若い者が気紛れな家出をする世の中になっても、なおその中にはまさしく神に召された者があり得ることを、我々の親たちが信じていようとした、努力の痕跡とも解し得られぬことはない。

『西播怪談実記《せいばんかいだんじっき》』という本に、揖保《いぼ》郡新宮《しんぐう》村の民七兵衛、山に薪採りに行きて還らず、親兄弟歎き悲みしが、二年を経たるある夜、村の後の山に来て七兵衛が戻ったぞと大声で呼ばわる。人々悦《よろこ》び近所一同山へ走り行くに、麓に行着く頃まではその声がしたが、登って見ると早何処にも居なかった。天狗の下男にでもなったものかと、村の内では話し合っていたが、其後此村から出て久しく江戸にいた者が、東海道を帰って来る途《みち》で、興津《おきつ》の宿とかで七兵衛に出逢った。これも互いに言葉を掛けて別れたが、家に帰って聴くとこの話であった。それからはついに風のたよりもなかったということである。すなわち、たった一度でも村の山へ来て呼ばわらぬと、人はやはり駆け落ちと解する習いであった故に、自然にこの様な特徴が出て来たのである。

『九桂草堂《きゅうけいそうどう》随筆』巻八には、また次のような話がある。[20]広瀬旭荘《きょくそう》先生の実験である。我郷《さと》（豊後日田郡）に伏木《ふしき》といふ山村あり。民家の子五六歳にて、夜啼《な》きて止まず。戸外に追出す。其傍に山あり。声稍遠く山に登るやうに聞えければ驚きて尋ねしに終に行方知れず。後十余年にして、我同郷の人小一と云ふ者、日向《ひゅうが》の梓越《あずさごえ》と云ふ峰を過ぐるに、麓より怪しき長《たけ》七八尺ばかり、満身に毛生じたる物上り来る。大《おお》いに怖れ走らんとすれども、体痺《しび》れて動かず。其物近づきて人語を為し、汝いづくの者なりやと問ふ。答へて日田といふ。其物、然《しか》らば我郷なり。汝伏木の児失《う》せたることを聞きたりやと謂ふ。其事は聞けりと答ふ。其物、我即ち其児なり。其時我今仕ふる所の者より収められて使役し、今は我も数山の事を領せりと謂ひて、懐より橡実《とちのみ》にて製したる餅様の物を出し、我父母存命ならば、是を届けてたまはれと謂ふ。何れの地に行きたまふかと問ふに、此より椎葉山《しひばやま》に向ふなりと言ひて別れ、それより路無き断崖に登るを見るに、その捷《はや》きこと鳥の如しといふ。話は余少年の時小一より聞けり。是れ即ち野人なるべし。

一四　ことに若き女のしばしば隠されし事

女の神隠しにはことに不思議が多かった。これは岩手県の盛岡で、かつて按摩《あんま》から聴いた話であるが、今からもう三十年も前の出来事であった。この市に住んで醤油《しょうゆ》の行商をしていた男、留守の家には女房が一人で、ある日の火ともし頃に表の戸をあけて、この女が外に出て立っている。ああ悪い時刻に出ているなと、近所の人たちは思ったそうだが、果たしてその晩からいなくなった。亭主は気ちがいの様になって、商売も打ち棄てて置いてそちこちと捜《さが》しまわった。もしやと思って岩手山の中腹の網張温泉に出かけてその辺を尋ねていると、とうとう一度だけ姿を見せたそうである。やはり時刻はもう暮れ近くに、何気なしに外を見たところが、宿からわずか隔たった山の根笹の中に、腰より上を出して立っていた。すぐに飛び出して近づき捕えようとしたが、見えていながら段々に遠くなり、笹原づたいに峯の方へ影を没してしまったという。

またこれも同じ山の麓の雫石《しずくいし》という村にはこんな話もあった。相応な農家で娘を嫁にやる日、飾り馬の上に花嫁を乗せて置いて、ほんのすこしの時間手間取っていたら、もう馬ばかりで娘はいなかった。方々探しぬいて如何しても見当たらぬとなってからまた数箇月も後の冬の晩に、近くの在所の辻の商い屋《あきなや》に、五、六人の者が寄り合って夜話をしている最中、からりとくぐり戸を開けて酒を買いに来た女が、よく見るとあの娘であった。村の人たちははなはだしく動顛《どうてん》したときは、まず口を切る勇気を失うもので、ぐずぐずとしているうちに酒を量らせて勘定をすまし、さっさと出て行ってしまった。それというので寸刻も間を置かず、すぐに跡から飛び出して左右を見たが、もうどこにも姿は見えなかった。多分は軒の上に誰かがいて、女が外へ出るや否や、直ちに空の方へ引っ張り上げたものだろうと、解釈せられていたということである。

○

単なる偶然からこの地方の話を、自分はまだ幾つとなく聴いて記憶している。それが特に他の府県に比べて、例が多いということを意味せぬのはもちろんである。同県上閉伊《かみへい》郡の鱒沢《ますざわ》という村で、これも近世のことらしいからもっと詳しく知っている人があろうが、ある農家の娘物に隠されて永く求むれども見えず、今は死んだ者とあきらめていると、ふとある日田の掛稲の陰に、この女の来て立っているのを見た人があった。その時はしかしもうよほど気が荒くなっていて、普通の少女の様ではなかった。そうしてまたたちまち走り去って、ついに再び還って来なかったと言っている。『遠野物語』の中にも書いてある話は、同郡松崎村の寒戸《さむと》というところの民家で、若い娘が梨の樹の下に草履《ぞうり》を脱いで置いたまま、行方知れずになったことがあった。三十何年を過ぎてある時親類知音の者がその家に集まっているところへ、極めて老いさらぼうてその女が戻って来た。どうして帰って来たのかと尋ねると、あまりみんなに逢いたかったから一寸《ちょっと》来た。それではまた行くと言って、たちまちいずれへか走り去ってしまった。その日はひどい風の吹く日であったということで、遠野一郷の人々は、今でも風の騒がしい秋の日になると、きょうは寒戸の婆《ばば》の還って来そうな日だと言ったとある。

これと全然似た言い伝えは、また三戸《さんのへ》郡の櫛引《くしびき》村にもあった。以前は大風の吹く日には、きょうは伝三郎どうの娘が来るべと、人がことわざのようにして言っていたそうだから、たとえば史実であってももう年数が経過し、昔話の部類に入ろうとしているのである。風吹ということが一つの様式を備えている上に、家に一族の集まっていたというのは、祭か法事の場合であったろうが、それへ来合わせたとあるからには、すでに幾分の霊の力を認めていたのである。釜石地方の名家板沢氏などでは、これに近い旧伝があって毎年日を定め、昔行き隠れた女性が、何人《なんぴと》の眼にも触れることなしに、還って来るように信じていた。盥《たらい》に水を入れて表の口に出し、新しい草履を揃《そろ》えて置くと、いつの間にかその草履も板縁も、濡れているなどと噂せられた。この家のは娘でなくて、近く迎えた嫁女であった。精密な記憶が家に伝わっており、いつの頃よりか不滅院量外保寿大姉という戒名《かいみょう》を付けて祀《まつ》っていた。家門を中心とした前代の信仰生活を、細かに比較研究した上でなければ断定も下されぬが、恐らくはこれが神隠しに対する、一つ昔の我々の態度であって、仮にただ一人の愛娘《まなむすめ》などを失うた淋しさは忍び難くとも、同時にこれによって家の貴さ、血の清さを証明し得たのみならず、更にまた眷属郷党《けんぞくきょうとう》の信仰を、統一することが出来たものではないかと思う。

◯

伊豆では今の田方郡田中村大字宗光寺の百姓惣兵衛が娘はつ十七歳、今から二百十余年前の宝永頃に、突然家出をして行方不明であった。はつの母親が没して三十三回忌の日、還って来て家の前に立っていた。近所の者が見付けて声を掛けると、答えもせずして走り出し、またいずれかへ往ってしまった。その後も天城山《あまぎ》に薪を樵《きこ》り、または宮木を曳《ひ》きなどに入った者が、おりおりこの女を見かけることがあった。いつも十七、八の顔形で、身には木の葉などを綴り合わせた珍しい衣服を纏《まと》うていた。言葉をかけると答えもなく、直ちに遁《に》げ去るを常としたと、『槃遊余録《はんゆうよろく》』の第三編、寛政四年の紀行のうちに見えている。甲州では逸見《へんみ》筋浅尾村の孫左衛門を始めとし、金御岳《かねのみたけ》に入って仙人となったという者少なからず、東河内領の三沢村にも、薬を常磐《ときわ》山に採って還らなかった医者がある。今も時としてその姿を幽谷の間に見る者があって、土人は一様にこれを山男と名づけているが、その出身の村なり家なりでは、永くその前後の事情を語り伝えて、むしろ因縁の空しからざることを感じていたようでもあった。

一五　生きているかと思う場合多かりし事

少なくとも血を分けた親兄弟の情としては、これが本人ただ一人の心の迷いから出たものと、解してしまうことが昔は出来なかった。一人では到底深い山の奥などへ、入って行くはずのない童子や若い女房たちが、現に入って行き、また多くは戻って来ぬのだから、誰か誘うた者があったことを、想像するに至ったのも自然である。実際また山の生活に関する記録の不完全、多くの平野人の法外な無識を反省してみても、かつてそういう奪略者が絶対になかったとは断言することを得ない。問題はただかくのごとき想像の中で、果たしてどこまでは一応根拠のある推測であり、またどの点からさきが単に畏怖《いふ》に基いたる迷信、ないしは誤解であったろうかということである。

しかも自分たちの見るところをもってすれば、右の問題の分界線《ぶんかいせん》とても、時代の移るにつれて始終一定していたわけでもないようである。例えば天狗さまがさらって行くということは、ことに児童少年については近世に入ってから、はなはだ頻繁に風説せられるようになったけれども、中世以前には東大寺の良弁僧正《ろうべんそうじょう》のように、鷲《わし》に取られたという話の方が遥かに多く、その中にもまた稀《まれ》には命を助かって慈悲の手に育てられ、ついには親の家へ戻って来た者さえあるように、『今昔物語』などには語り伝えている。それから引き続いてまた世上一般に、鬼が人間の子女を盗んで行くものと、思っていた時代もあったのである。

鎌倉期の初頭あたりを一つの堺《さかい》として、その鬼がまた天狗にその地位を委譲したのは、東国武士の実力増加、都鄙《とひ》盛衰の事情を考え合わせても、そこに何らかの時勢の変化を暗示するものがあるように思う。その天狗の属性とてもゆくゆく著しく変遷して、もとより今をもって古《いにしえ》を推すことは出来ぬが、鬼の方にもやはり地方的に、または時代に相応した特色ともいうべきものがあったらしいのである。例えば在原業平《ありわらのなりひら》の悠遊《ゆうゆう》していた頃には、鬼一口に喰いてんげりと言ったが、大江山の酒顛童子《しゅてんどうじ》に至っては、都に出でて多くの美女を捕え来たり、酌をさせて酒を飲むような習癖もあったもののごとく、想像せしめた場合もないではなかった。天狗ばかりは僧形《そうぎょう》であっただけに、感心に女には手を掛けないようだと話がきまると、人は別にまた山賊の頭領という類の兇漢《きょうかん》を描き出して、とにかくにこの頻々《ひんぴん》たる人間失踪の不思議を、説明せずにはいられないようであった。しかも実際は小説御伽草子《おとぎぞうし》絵巻物以上に、的確に真相を突き留めることは、求めたからとて出来ることではなかった。

別離を悲しむ人々の情から言えば、いかなる場合にもまだどこかの谷陰に、活《い》きて時節を待っているものと、想像してみずにはいられなかったでもあろうが、単にその様な慾目からでなくとも、現実に久しい歳月を過ぎて後、ひょっこりと還って来た先例もあれば、またたしかに出逢ったという人の話を、聞き出した場合も多かったのである。単に深山に女の姿を見たというだけの噂ならば、その他にもまだいろいろと語り伝えられていた。たとえそれが我が里でいなくなった者とは何の関係もなく、全然見ず知らずの別の土地の事件であっても、とにかくに人居を遠く離れた寂寞《せきばく》たる別世界にも、なお何か人間の活きて行く道があるらしいという推測は、どのくらい神隠しの子の親たちの心を、慰めていたかわからぬので、それがまた転じてはこの不思議の永く行われ、気の狂うた者の自然に山に向かう原因ともなったのは、是非もない次第であった。

○

かつては天狗に関する古来の文献を、集めて比較しようとした人がおりおりあったが、これは失望せねばならぬ労作であった。資料を古く弘く求めてみればみるほど、輪廓は次第に茫漠《ぼうばく》となるのは、最初から名称以外に沢山の一致がなかった結果である。例えば天狗とは一体どんな物かと聞いてみるとき、今日誰しも答えるのは鼻のむやみに高いことであるが、これとても21狩野古法眼《かのうこほうげん》が初めて夢想したという説もあって、中古には緋《ひ》の衣に羽《は》団扇《うちわ》などを持った鼻高様は、想像することが出来なかったのである。その上に何々坊の輩下という天狗だけは、口が嘴《くちばし》になり鼻は穴だけがその左右に付いている。同じ一類で一方は人のごとく、他方は翼があって鳥に手足を加えたもののごとくなることは、ほとんどあり得ざる話であるが、人は単に変形自在をもってこれを説明して、しからば本来の面目如《い》何《かん》という点を、考えずに済ましていたのである。それなら実際の行動の上に、何か古今を一貫した特色でもあるかというと、中世の天狗はふらりと来て人に憑《つ》くこと野狐のごとく、あるいは左道の家に祀られて人を害するは、近世の犬神オサキのごとくであったが、今は絶えてその類の非難を伝えない。あるいは智弁学問ある法師の増上慢《ぞうじょうまん》が、しばしば生きながら天狗道に身を落とさしめたという話もある。平田先生などは特にこの点ばかり、仏者の言を承認しようとしているが、これさえ近世の天狗はもう忘れたもののごとく、むしろしばしば人間の慢心を懲《こ》らし戒めたという実例さえあって、自慢を天狗という昔からの諺《ことわざ》も、もはや根拠のないものになろうとしている。それというのが時代により地方によって、名は同じでも物が知らぬ間に変わっていたからである。書物はこういう場合には大抵はむしろ混乱の種であった。学者ばかりが独りで土地の人々の知らぬことを、考えていた例は多かった。なるほど天狗という名だけは最初仏者などから教わったろうが、奇怪はずっと以前から引き続いてあったわけで、学者に言わせるとそんなはずはないという不思議が、どしどしと現れる。見本で物を買うような理窟にはいかなかったのである。天狗をグヒンというに至った原因もまだ不明だが、地方によってはこれを山の神と言い、または大人山人《おおひとやまひと》とも言って、山男と同一視するところもある。そうして必ずしも兜巾篠懸《ときんすずかけ》の山伏姿でなく、特に護法と称して名ある山寺などに従属するものでも、その仏教に対する信心は寺侍《てらざむらい》寺百姓以上ではなかった。いわんや自由な森林の中にいるという者に至っては、僧徒らしい気分などは微塵《みじん》もなく、ただ非凡なる怪力と強烈なる感情、極端に清浄を愛して叨《みだ》りに俗衆の近づくを憎み、ことに隠形《おんぎょう》自在にして、恩讎《おんしゅう》共に常人の意表に出でた故に、畏《おそ》れ崇《あが》められていたので、この点はむしろ日本固有の山野の神に近かった。名称のどこまでも借り物であって、我々の精神生活のこれに左右せられた部分の存外に小さかったことは、これからだけでも推論してよいのである。山中にサトリという怪物がいる話は、よく方々の田舎で聴くことである。人の腹で思うことをすぐ覚《さと》って、遁《に》げようと思っているなどと言いあてるので、怖ろしくてどうにもこうにもならぬ。それが桶屋《おけや》とか杉の皮を剥《む》く者とかと対談している際に、不意に手がすべって杉の皮なり竹の輪の端が強く相手を打つと、人間という者は思わぬことをするから油断がならぬと言って、逃げ去ったというのが昔話である。それを四国などでは山爺の話として伝え、木葉の衣を着て出て来たともいえば、中部日本では天狗様がやって来て、桶屋の竹に高い鼻を弾《はじ》かれたなどと語っている。その土地次第でこう言っても通用したのである。オニなども今では角あって虎の皮をたふさぎとし、必ず地獄に住んで亡者をさいなむ者のごとく、解するのが普通になったらしいが、その古来の表現は誠に千変万化で、また若干はこれに充《あ》てたる漢語の鬼の字によって、世上の解説を混乱せしめていた。しかも諸国の山中に保存せられた彼らの遺跡、ないしは多くの伝説によって考えると、少なくともある時代には、近世天狗と名づけた魔物の所業の大部分を、管轄していたこともあるのである。いずれにしても我々の畏怖には現実の基礎があった。単に輸入の名称によって、空に想像し始めたものではなかったのである。

○

不在者の生死ということは非常に大きな問題であった。どうせいないのは同じだと、言ってすませるわけにはいかなかった。生者と死者とでは、これに対する血縁の人々の仕向けが、正反対に異ならねばならなかったからである。生きている者の救済も必要ではあるが、これはおもむろに時節を待っていることも出来る。これに反して死者は魂が自由になって、もう家の近くに戻って来ているかも知れぬ。処理せられぬ亡魂ほど危険なものはなかった。あるいは淋しさのあまりに親族故旧を誘うこともあり、または人知れぬ腹立ちのために、あばれまわることもしばしばあった。その予防の手段は仏教以前から、いろいろ綿密に講究せられていたのである。しこうしてその手段は通例はなはだ煩わしい。かつ誤って生者のためにこれを行うときは、その害もまた小さくなかった。故に単なる愛情の情からでなくとも、一日も早く何らかの兆候を求めて、隠れてもなお生存していることを確かめておく必要があったのである。アンデルセンが月の物語の初章に、深夜に谷川に降って灯を水に流し、思う男の安否を卜《ぼく》せんとした印度《インド》の少女が、「活《い》きている」と悦《よろこ》んで叫んだ光景が叙《の》べてある。普通は生死を軽く考える東洋人が、この際ばかり特に執着の切なる情を表わす理由は、全く死に伴うた厳重の方式があったためで、旅の別れの哀れな歌にも、かつはこの心もとなさがまじっていたのである。夢というものの疎《おろそ》かにせられなかった原因もここにある。互いに見よう見えようという約束が、言わず語らずに結ばれていたのである。それが頼みにし難くなって後、書置《かきおき》という風習が次第に行われた。神隠しだけはこういう一切の予定を裏切って、突如として茫漠《ぼうばく》の中に入ってしまうのだが、しかも前後の事情と代々の経験とによって、一応はやや幸福の方の推測を下すことが、存外にむつかしくなかったらしいのである。

一六　深山の婚姻の事

昔話の中にもおりおり同じ例を伝えているために、かえって信じ得る人が少なかろうかと思うが、これはすでに十七、八年も以前に筆記しておいた陸中南部の出来事であって、この小さな研究と深い因縁がある故に、今一度じっと考えてみようと思うのである。ある村の農家の娘、栗を拾いに山に入ったまま還って来ず、親はもう死んだ者とあきらめて、枕を形代《かたしろ》に葬送もすませてしまって、また二、三年も過ぎてからのことであった。村の猟《かり》人《ゆうど》の某という者が、五葉山《ごようざん》の中腹の大きな岩の陰において、この女に行き逢って互いに喫《びっ》驚《くり》したという話である。

あの日に山で怖ろしい人にさらわれ、今はこんなところに来て一緒に住んでいる。遁《に》げて還ろうにも少しも隙《すき》がない。そういううちにもここへ来るかも知れぬ。どんなことをするか分からぬと言うので、ろくに話も聞かずに早々に立ち退いてしまったということである。その男というのは全体どんな人かと猟人が尋ねると、自分の眼には世の常の人間のように見えるが、人はどう思うやらわからぬ。ただ眼の色が恐ろしくて、せいがずんと高い。時々は同じ様な人が四、五人も寄り集まって、何事か話をしてまたいずれへか出て行く。食べ物なども外から持って還るのをみると、町へも買物に行くのかも知れぬ。また子どもはもう何遍か産んだけれども、似ていないから俺《おれ》の児ではないと言って、殺すのか棄てるのか、皆いずれへか持って行ってしまったと、その女が語ったそうである。

山が同じく五葉山であるから、一つの話ではないかとも思うが、あるいはまた次のように話す者もあった。女は猟人に向かって、お前とこうして話しているところを、もしか見られると大変だから、早く還ってくれといったが、出逢ってみた以上は連れて還らねばすまぬと、強《し》いて手を取って山を下り、ようやく人里に近くなったと思う頃に、いきなり後から怖ろしい背の高い男が飛んで来て、女を奪い返して山の中へ走り込んだとも言っている。維新前後の出来事であったらしく、まだその娘の男親だけは、生存していると言って、家の名まで語ったそうである（佐々木君報）。これだけ込み入ったかつ筋の通った事件は、一人の猟人の作為に出たと思われぬはもちろん、よもや突然の幻覚ではなかろうと思うが、それを確認させるだけの証拠も、残念ながらもう存在せぬのである。ただ少なくとも陸中五葉山の麓の村里には、今でもこれを聴いて寸毫《すんごう》も疑いあたわざる人々が、住んでいることだけは事実である。そうして彼らがほぼ前の話を忘れようとする頃になると、また新たに少し似たような話が、どこからともなく伝わって来ることに、これまではほとんどきまっていたのである。

右の珍しい実例の中で、ことに自分たちが大切な点と考えるのは、不思議なる深山の婿《むこ》の談話の一部分が、女房にも意味がわかっていたということと、その奇怪な家庭における男の嫉妬が、極端に強烈なものであって、我が子をさえ信じ得なかったほどの不安を与えていたこととである。すなわち彼らはもし真の人間であったとしたら、あまりにも我々と遠く、もしまた神か魔物かだったというならば、あまりにも人間に近かったのであるが、しかも山の谷に住んだ日本の農民たちが、これを聴いてあり得べからずとすることが出来なかったとすれば、そは必ずしも漠然たる空夢ではなかったろう。誤ったにもせよ何らかの実験、何らかの推理のあらかじめ素地をなしたものが、必ずあったはずと思う。現代人の物を信ぜざる権利は、決してこれによって根強い全民衆の迷信を、無視し得るまでの力あるものではないのである。

○

かつて三河の宝飯《ほい》郡の某村で、狸が一人の若者に憑いたことがあった。狐などよりは口軽く、むやみにいろいろのことをしゃべるのが、この獣の特性とせられているが、この時も問わず語りに、おれはこの村の誰という女を、山へ連れて往《い》って女房にしていると言った。でたらめかとは思ったが、実際ちょうどその女がいなくなって、しきりに捜している際であった故に、根ほり葉ほりして隠しておくという場処を問いただし、もしやというので山の中を捜してみると、果たして岩穴の奥とかにその娘がいたということである。還って来てから本人が、どういう風に顚末《てんまつ》を語ったか。この話をしてくれた人も聞いてはおらず、また強いて詳しくその点を究めるまでもないか知らぬが、風説にもせよ世を避けて山に入って行く若い女を、一種の婚姻のごとく解する習わしは弘く行われていたので、それが不条理であればあるだけに、底に隠れた最初の原因が、ことに学問として尋ねてみる価値を生ずるのである。猿の婿入りの昔話は、前にすでに大要を叙《の》べておいたが、これにも欺き終《お》おせて無事に還って来たという童話式のもののほかに、とうとう娘を取られたという因縁話も伝わっている。竜蛇の婚姻に至っては末遂げて再び還らなかったという例がことに多い。黒髪長くまみ清らかなる者は何人《なんぴと》もこれを愛好する。齢《よわい》盛りにして忽然《こつぜん》と身を隠したとすれば、人に非ずんば何か他の物が、これを求めたと推断するが自然である。特に山男の場合に限って、目するに現実の遭遇をもってする理由はないのかも知れぬ。ましてや世界の諸民族に共通なる、いわゆるビースト・エンド・ビウティーの物語の、これが根原の動機をなすかのごとく、説かんとすることは速断に失するであろう。また今日までの資料では、強いてその見解を立てるだけの勇気は、自分たちにもまだないのだが、ただ注意してもよいことは日本という国には、近世に入ってからもこの類の話が数多く、またしばしば新たなる実例をもって、古伝を保障しようとしていたことである。普通の場合には俗に「みいられた」とも称し、女が何かの機会に選定を受けたことになっており、伊豆の三宅《みやけ》島などには山に住む馬の神がみいったという話もあって、過度に素朴なる口碑は諸国に多く、そうでなければ不思議な因縁がその女の生まれた時から付き纏《まと》い、または新たなる親の約束などがあって、自然にその運命に向かわねばならなかったように、語り伝えているに反して、別に我々が聴き得たる近年の例は、全く偶然の不幸から掠奪《りゃくだつ》せられて山に入っている。そうしていかにも人間らしい強い執着をもって、愛せられかつ守られていたというのである。それを単なる昔話の列に押し並べて、空想豊かなる好事家《こうずか》が、勝手な尾鰭《おひれ》を付け添えたかのごとく解することは、少なくとも私が集めてみたいくつかの旁証《ぼうしょう》が、断じてこれを許さないのである。

一七　鬼の子の里にも産まれし事

母は往々にして不当に疑われた。似ておらぬから我が子でないという単純に失した推断は、必ずしも独り五葉山中の山人のみの専売でもなかったのである。至って平和なる里中にも、親に似ぬ子は鬼子という俚諺《りげん》は、今もって行われていて、時々はまたこれを裏書するような事件が、発生したとさえ伝えられるのである。

「日本はおろかなる風俗ありて、歯の生えたる子を生みて、鬼の子と謂ひて殺しぬ」と、『徒然慰草《つれづれなぐさみぐさ》』の巻二には記してある。江戸時代始め頃の人の著述である。なおそれよりも遥かに古く、『東山往来』という書物の消息文の中にも、家の女中が歯の生えた児を生んだ。これ鬼なり山野に埋むるにしかずと近隣の者が勧めるが、如何したものだろうかという相談に答えて、坊主にするのが一番よろしかろうと言っている。すなわち以前は相応に頻々《ひんぴん》と、処々にこの様な異様の出来事があったかと思われるのである。

けだし人は到底凡庸を愛せずにはおられなかった者であろうか。前代の英雄や偉人の生い立ちに関しては、いかなる奇瑞《きずい》でも承認しておりながら、こと一たび各自の家の生活に交渉するときは、寸毫《すんごう》も異常を容赦することが出来なかった。近世に入ってからも、稀《まれ》には歯が生えて産まれる程の異相の子を儲《もう》けると、大抵は動顚して即座にこれを殺し、これによって酒顚童子《しゆてんどうじ》茨木童子《いばらきどうじ》のごとき悪業の根を絶った代わりには、一方にはまた道場法師や武蔵坊弁慶のごとき、絶倫《ぜつりん》の勇武強力を発揮する機会をも与えなかった。これ恐らくは天下太平の世の一弱点であったろう。

しかも胎内変化の生理学には、今日なお説き明かし得ない神秘の法則でもあるのか。この様な奇怪な現象にも、やはり時代と地方とによって、一種の流行のごときものがあった。詳しく言うならば、鬼を怖れた社会には鬼が多く出てあばれ、天狗を警戒していると天狗が子供を奪うのと同様に、牙《きば》ありまた角ある赤ん坊の最も数多く生まれたのは、いわゆる魔物の威力を十二分に承認して、農村家庭の平和と幸福までが、時あって彼らによって左右せられるかのごとく、気遣《きづか》っていた人々の部落の中であった。

○

鬼子の最も怖ろしい例としては、明応七年の昔、京の東山の獅子《しし》が谷《たに》という村の話が、『奇異雑談集』の中に詳しく報ぜられている。『玄同放言《げんどうほうげん》』三巻下には全文を引用しているが、記事にはあやふやな部分がちっともなく、少なくとも至って精確なる噂の聞書である。その大要のみを挙げると、この家の女房三度まで異物を分娩《ぶんべん》し四番目に産んだのがこの鬼子であった。生まれ落ちたとき大きさ三歳子のごとく、やがてそこらを走りあるく故に、父追い掛けて取りすくめ、膝の下に押し付けて見れば、色赤きこと朱のごとく、両眼の他に額になお一つの目あり、口広く耳に及び、上に歯二つ下に歯二つ生えていた。父嫡子を喚びて横槌《よこづち》を持って来いというと、鬼子これを聞いて父が手に咬《か》みつくのを、その槌をもってしきりに打って殺してしまった。人集まりて之を見ること限り無しとある。その死骸は西の大路真如堂《しんにょどう》の南、山際の崖の下に深く埋めた。ところがその翌日田舎の者が三人、梯子《はしご》をかたげてこの下を通り、崖の土の少しうごもてるを見て、土竜鼠《むぐらもち》がいると言って枴《おうこ》のさきで突いてみると、ひょっくりとその鬼子が出た。三人大いに驚いてこれは聞き及んだ獅子が谷の鬼子だ。ただ早く殺すがよいと、枴を揮《ふる》うてしきりに打ち、ついにこれを叩き殺した。それを惨酷《ざんこく》な話だが、縄を付けて京の町まで曳《ひ》いて来ると、途中多くの石に当たったけれども、皮膚強くして少しも破れずとまで書いてある。このこと常楽寺の栖安軒《せいあんけん》琳公《りんこう》幼少喝食《かつしき》の時、崖の下にて打ち殺すをまのあたり見たりと言えりとあって、事件の当時から約九十年後の記述である。

◯

何故に親が大急ぎで、牙《きば》の生えた赤子を殺戮《さつりく》せねばならなかったかは、実は必ずしも明瞭ではない。家の外聞とか恥とかいうのも条理に合わなかった。殺してこれを清める望みはなかったのみならず、匿《かく》し終《お》おせた場合さえ少なかった。しからば活かしておいて何が悪いかと尋ねてみると、これまた格別のことはなかったのである。兇暴無類の評ある大江山の酒顚童子、その子分か義兄弟のごとく考えられた茨木童子なども、単に今まで見ず知らずの他人に対して、残忍であったというのみで、翻ってその家庭生活を検すれば、思いのほかなるものがあった。『越後《えちご》名《な》寄《よせ》』巻二十三その他の所伝によれば、酒顚童子はこの国西蒲原《にしかんばら》郡砂子塚《いさごづか》、または西川桜林村の出身と称しておのおのその旧宅の址《あと》があった。付近の和納《わのう》という村にも後に引っ越して来たといって、今なお榎《えのき》の老木ある童子屋敷、下名《さげな》を童子田と呼ぶ水田もあった。童子幼名を外道丸《げどうまる》と名づけられ美童であった。父の名は否瀬善次兵衛俊兼、戸隠山《とがくしやま》九頭竜権現《くずりゅうごんげん》の申し児であって、母の胎内に十六箇月いたというだけが、親に迷惑を掛けたといえば掛けたのである。和納の楞厳寺《りょうごんじ》で文字を習い、国上《くがみ》の寺に上って侍童となるまでは不良少年でも何でもなかった。茨木童子の故郷も摂津にある方が正しいのかも知れぬが、これまた越後にも一箇処あって、今の古志《こし》郡荷頃《にごろ》村大字軽井沢、茨木善次右衛門はその生家と称し、連綿として若干の記憶を伝えていた。例えば家の背後に童子が栖《す》んだという岩屋、それは崩れてその跡に清き泉湧《わ》き、流れの末には十坪（約三十三平方メートル）ばかりの空地あって、童子出生の地と称して永く耕作をさせなかった。悪人に対する記念ではなかったのである。

摂州川辺郡東富松の部落においては、すでに茨木童子の家筋は絶えた代わりに、更に一段と心を動かすべき物語が残っていた。『摂陽群談《せつようぐんだん》』巻十に曰う。童子生れながらにして牙生い髪長く、眼に光あって強盛なること成人に超えし故に、一族畏怖してこれを茨木の辺に棄てたところ、丹波千丈岳《せんじようがたけ》の強盗酒顚童子拾い還りて養育して賊徒となす云々。しかも両親が後に病に罹って同じ枕に寝ているのを、術をもって遥かにこれを知り、心配をして見舞いに還って来たと言うのは、やはり松崎の寒戸の婆などの例であろう。ただ今は京都に留まって、東寺の辺に安住している。人に怖ろしい姿を見せぬように、急いで還ろうと飛んで往ったという田圃路《たんぼみち》に、安東寺の字名《あざな》などが残っており、その時親が悦《よろこ》んで団《だん》子《ご》を食わせた記念として、毎年同じ日に村では団子祭をすると言っている。

戦がなくなり国中が統一してしまうまでは、こういう義理固い無茶者は、求めても養っておく必要が時としてはあった。言わば百姓の家に生まれたのが損だったのである。肥後の川上彦斎《かわかみげんさい》の伝を見てもそう思うが、江戸幕府の初頭に刑せられたあぶれ者、大鳥一兵衛などについてはことにその感が深い。ほんのもう四十年か五十年早く生まれていたら、彼は大名になったかも知れぬのである。一兵衛自身の上話というのは、『慶長見聞集《けんもん》』巻六に出ている。武州大鳥という在所に利生《りしよう》あらたかなる十王まします。母にて候ふ者子無きことを悲み、此十王堂に一七日籠り、満ずる暁《あかつき》に霊夢の告《つげ》あり。懐胎して十八月にしてそれがし誕生せしに、骨柄《こつがら》たくましく面の色赤く、向ふ歯あつて髪はかぶろなり。立つて三足歩みたり。皆人是を見て悪鬼の生れけるかと驚き、既に害せんとせし処に、母之を見て謂ひけるやうはなう暫《しばら》く待ちたまへ思ふ仔細あり、是は十王への申し児なれば、其しるし有りて面の色赤し云々と申されければ、我を助け置き幼名を十王丸と謂へりとある。祈る仏も多くあった中に、特に閻魔《えんま》に児を申したというのは、別に近代の母親の相続せざる、一種戦国時代相応の理想があったためかと思う。そうではないまでも大王がことを好み、余計な迷惑を信徒に与えんとしたのでないことだけは、一般にこれを認めていたように見えるが、しかもそれは京都とその付近で、盛んに牙ある赤子を撲殺《ぼくさつ》した時代よりも、またずっと後年の田舎のことであった。

内田邦彦君の[22]『南総之俚俗《なんそうのりぞく》』の中に、東上総《ひがしかずさ》の本納《ほんのう》辺の慣習として、鬼子が生まれると歳神様《としがみさま》へ上げた棒で叩くとある。これとよく似たことで今日弘く行われているのは赤ん坊があまり早く、例えば一年以内にあるき始めると、大きな餅を搗《つ》いてこれを背負わせ、それでもなおあるくと突き倒したりする親がある。鬼子というのは多分歯が生えて産まれる子のことであろうが、単に殺すことを許されぬ故に、こんな方法を後に代用したものとみても、なお歳神の棒ということには、考え出さねばならぬ深い意味がある。あるいは本来はこの上もない立派な児であるけれども、凡人の家にとっては善過《よす》ぎるために、その統御を神に委ねるの意味ではなかったか。いずれにもせよ後世の民家で、怖れて殺したほどの異常なる特徴は、同時にまた上古の英傑勇士名僧等の奇瑞《きずい》として、尊敬して永く語り伝えたものと一致し、更に常理をもって判断しても、それがことごとく昔の個人生活の長処ばかりであったことを考えると、野蛮な風習だから大昔からあったろうと、手軽に推断することも出来ぬようである。人間の畸形《きけい》にも不具と出来過ぎとが確かにある。大男も片輪のうちに算《かぞ》えるのは、いわゆる鎖国時代の平民の哀れな遠慮であろう。蝦夷《えぞ》のシャグシャインやツキノイ、南の小島では赤蜂本瓦《あかぶさほんがわら》や与那国《よなくに》の鬼虎《おにとら》のごとき、容貌魁偉《かいい》なる者は多くは終を全うしなかった。それを案じて家にこの様な者の生まれるを忌んだのは、恐らくは新国家主義の犠牲であった。部曲《かきべ》が対立して争闘して止まなかった時代には、いわゆる鬼の子はすなわち神の子で、それ故にこそ今も諸国の古塚を発《あば》くと、往々にして無名の八掬脛《やつかはぎ》や長髄彦《ながすねひこ》の骨が現れ、もしくは現れたと語り伝えて尊信しているのである。

沖縄の『遺老説伝《いろうせつでん》』には次のような話がある。昔宮古島川満《かはま》の邑《むら》に、天仁屋大司《あめにやおほつかさ》という天の神女、邑の東隅なる宮森に来り寓《ぐう》し、遂に目利真按司《めりまあんじ》に嫁して三女一男を生む。夫死して妻のみ孤児を養ふに、第三女真嘉那志《さかなし》十三歳、忽ち懐胎して十三月にして一男を坐下《ざか》す。頭には双角を生じ眼は環《たまき》を懸くるが如く、手足は鷹の足に似たり。容貌人の形に非ず。故に之を名づけて目利真角嘉和良《めりまつのかわら》と謂ふ。年十四歳の時、祖母天仁屋及び母真嘉那志に相随ひて、倶《とも》に白雲に乗りて天に升《のぼ》る。後年屢目利真山に出現して、霊験を示す。邑人《むらびと》尊信して神岳と為すと。ツカサは巫女《ふじょ》を意味しまた多くは神の名であった。カワラは沖縄の按《あん》司《じ》と同じく、また頭目のことである。先島《さきしま》の神人には角を名に着くものが他にもある。すなわち神の子であり、後また神に隠されたる公けの記録が、かの島だけにはこれほど儼然《げんぜん》として伝わっているのである。殺すということは少なくとも、古代一般の風習ではなかった。

一八　学問はいまだこの不思議を解釈し得ざる事

嘘かとは思うが何郡何村の何某方と、固有名詞が完全に伝わっている。今から三十年ほど以前に、愛媛県北部のある山村で、若い嫁が難産をしたことがあった。その時腹の中から声を発する者があって、おれは鬼の子だが殺さぬなら出てやる。もし殺すならば出てやらぬがどうだと言う。活かしておくのは家の名折れとは思ったが、いつまでも産まれないでは困る故に、皆で騙《だま》して決して殺さぬという約束をした。そうして待ち構えていて莫蓙《ござ》で押さえて殺してしまった。角の長さが二寸（約六センチ）ばかり、秘密にしていたのを遠縁の親類の女が知って、ついにこの話の話し手にしゃべったのが私にも聴こえた。ただしどうしてまたその様な怖ろしい物を孕《はら》んだかは、今に至るまで不明であるが、この近傍には鬼子の例少なからず、ある村一家のごときは鬼の子の生まれる少し以前に、山中に入って山姥《やまうば》のオックネという物を拾い、それから物持になった代わりに、またこういう出来事があったという。オックネとは方言で麻糸の球のこと、山姥の作ったのは人間の引いたのとは違って、使っても使ってもなくならぬ。すなわちいわゆる尽きぬ宝であった。

また大隅海上の屋久島《やくのしま》は、九州第一の高峰を擁して、山の力の今なお最も強烈な土地であるが、島の婦人は往々にして鬼の子を生むことありと、『三国名勝図会《ずえ》』には記している。山中に入りたる時頻《しき》りに睡眠を催し、異人を夢みることあれば必ず娠《はら》む。産は常の如くにして、たゞ終りて後神気快からずと雖《いえど》も死ぬやうなことは決して無い。生れた児は必ず歯を生じ且つ善く走る。仍《よっ》て鬼子とは謂ふ也とある。かくのごとき場合には、柳の枝をその児の口にくわえさせて、これを樹の枝に引っ懸けておくと、一夜を過ぐれば必ず失せてなくなると言っていた。普通の赤ん坊ならば無論活きているはずはないのだが、島の人々はあるいは父方に引き取って、養育しているもののごとく考えていたものらしい。前後の状況ははなはだしく相違するが、とにかくにこれも一種の神隠しではあった。

◯

肥後南部の米良山《めらやま》の中にも、入って働いている女の不時に睡《ねむ》くなるというところがあった。そういう際にはよく妊娠することがあって、これを蛇の所業のごとく信ずる者もあったという。現に近年も某氏の夫人、春の頃に蕨《わらび》を採りに往ってそのことがあったので、もしや蛇の子ではないかと思って、産をしてしまうまで一通りならぬ心痛をしたそうである。古い書物に巨人の跡を踏み、あるいは玄鳥の卵を呑んで感じて身ごもることありと記したのも、多分はこういう事情を意味したものであろう。気高い若人が夜深く訪ねて来たという類の話にも、最初に渓川《たにがわ》の流れに物を洗いに降りて、美しい丹塗《にぬ》りの箭《や》が川上から泛《うか》んで来たのを、拾うて還って床の側に立てておいたという例があるのを見ると、また異常なる感動をもって、母となる予告のごとく解していた、昔の人の心持が察せられる。ただ村民の信仰がおいおいに荒《すさ》んで来て、こういう奇瑞の示された場合にも、怖畏の情ばかり独り盛んで、とかくに生まれる子を粗末にした。大和の三輪の神話と豊後の尾形氏の古伝とは、あるいはその系統を一にするかとの説あるにもかかわらず、後者においては神は誠に遠慮勝ちで、岩窟の底に潜んで永く再び出でなかった。その他の地方の多くの類例に至っては、銕《かね》の針に傷つけられて命終わるといい、普通には穴の口に近よって人が立ち聴きするとも知らず、蓬《よもぎ》と菖蒲《しょうぶ》の葉の秘密を漏《も》らした話などになっており、嫗岳《うばだけ》の大太童《だいだわらわ》のごとく子孫が大いに栄えたという場合は、今ではこれを見出すことがやや難しくなっているのである。『作陽志《さくようし》』には美作苫田郡《みまさかとまだ》越畑の大平山に牛鬼と名づくる怪あり。寛永中に村民の娘年二十ばかりなる者、恍惚《こうこつ》として一夜男子に逢う。自ら銕山《かなやま》の役人と称していた。後に孕《はら》んで産む所の子、両牙長く生い尾角共に備わり、儼《げん》として牛鬼の如くであったので、父母怒ってこれを殺し、銕の串《くし》に刺して路傍に暴《さら》した。これ村野の人後患を厭するの法なり云々とあって、昔はさしも大切に事《つか》えた地方の神が、次第に軽んぜられ後ついに絶縁して、いつとなく妖怪変化《ようかいへんげ》の類に混じた経路を語っている。そうしていずれの場合にも、銕《てつ》という金属が常に強大な破壊力であった。屋久島などでもことに鍛冶《かじ》の家が尊敬せられ、不思議な懐胎には必ず鉄滓《かなくそ》[23]を貰って来て、柳の葉と共に合わせ煎《せん》じて飲むことになっていたそうである。

○

山に入って山姥のオツクネなるものを拾った故に、物持にもなった代わり鬼子も生まれたという話には、更に一段と豊富なる暗示を含んでいるらしい。山姥はなるほど多くの神童の母であり、同時にまた珍しい福分《ふくぶん》の主でもあったことは、次々にもなお述べるように、諸国の昔からの話の種であったが、特に常人の女性に角ある児を産ましめるために、彼女が干渉すべき必要はなかったはずである。察するところ本来この不可思議の財宝は、むしろ不可思議な童子に伴うて神授せらるべきものであったのを、人が忘却してこれを顧みぬようになってから、山中の母ばかりが管理することとなったのであろう。この想像を幾分か有力にするのは、ウブメ（産女）と称する道の傍の怪物の話である。支那で姑獲《こかく》と呼ぶ一種の鳥類をこれに当てて、産で死んだ婦人の怨魂《えんこん》が化成《かせい》するところだの、小児に害を与えるのを本業にしているのと、古い人たちは断定してしまったようだが、それでは説明の出来ない著しい特徴には、少なくとも気に入った人間だけには、大きな幸福を授けようとしていた点である。すなわちウブメ鳥と名づくる一種の怪禽《かいきん》の話を別にして考えると、ウブメは必ず深夜に道の畔《くろ》に出現し、赤子を抱いてくれと言って通行人を呼び留める。喫驚《びっくり》して逃げて来るようでは話にならぬが、幸いに勇士等が承諾してこれを抱き取ると、段々と重くなってしまいには腕が抜けそうになる。その昔話はこれから先が二つの様式に分かれ、よく見ると石地蔵であった石であったというのと、抱き手が名僧でありウブメは幽霊であって、念仏または題目の力で苦艱《くかん》を済《すく》ってやったというのとあるが、いずれにしても満足に依託を果たした場合には、非常に礼を言って十分な報謝をしたことになっている。仏道の縁起に利用せられない方では、ウブメの礼物は黄金の袋であり、または取れども尽きぬ宝であった。時としてその代わりに、五十人百人力の力量を授けられたという例も多かったことが、佐々木君の『東奥異聞《とうおういぶん》』などには見えている。『今昔物語』以来の多くの実例では、ウブメに限らず道の神は女性で、喜怒恩怨が一般に気紛れであった。ある者はこれに逢うて命を危うくし、ある者はその因縁から幸運を捉《とら》えたことになっている。後世の宗教観から見るときははなはだ不安であるために、段々と畏怖の情を加えたのだが、神に選択があり人の運に前定があったと信じた時代には、これもまた禱《いの》るに足りた貴き霊であったに相違ない。つまりは児を授けられるというのは優れた児を得るを意味し、申し子というのは子のない親ばかりの願いではなかったのである。そうして山姥のごとき境遇に入ってでも、なお金太郎のごとき子を欲しがった社会が、かつて古い時代には確かにあったことを、今はすでに人が忘れているのである。

一九　山の神を女性とする例多き事

人の女房を山の神と言う理由としては、いろはの中ではヤマの上《かみ》がオクだからなどと、馬鹿げた説明はすでに多い。あるいは里神楽《さとかぐら》の山の神の舞に、杓子《しゃくし》を手に持って出て舞うからというなどは、もっともらしいがやや循環論法の嫌いがある。何の故に山の神たる者がかくのごとく、人間の家刀自《いえとじ》の必ず持つべきものを、手草《たぐさ》に執って舞うことにはなったのか。それがまず決すべき問題だと言わねばならぬ。杓子《しゃくし》はなるほど山中の産物であって、最も敬虔に山神に奉仕する者が、これを製して平野に持ち下る習いであったが、ただそれのみでは神自らこれを重んじ、また多くの社において、これを信徒に頒与するまでの理由にはならぬ。岐阜県のある地方では、以前は山の神の産衣《うぶぎぬ》と称して、長《たけ》の六、七尺（約百八十〜二百十センチ）もある一つ身の着物を献上する風があったというが、今は如何であろうか。これに対しては子育ての守《まもり》として、巨大なる山杓子を授けた社もあったという。越前湯尾《ゆのお》峠の孫杓子を始めとし、今でも杓子には小児安全の祈禱を含むものが多い。山と女性または山と産育というがごとき、一見して縁の遠そうな信仰が、かつてその間に介在しなかったならば、到底我々の家内の者に、その様ないかめしい綽名《あだな》を付与するの機会は生じなかったはずである。

山の神は通例諸国の山林において、清き木清き石について臨時にこれを祀り、禰宜《ねぎ》神主《かんぬし》の沙汰はない場合が多いが、これを無格社以上の社殿の中に斎《いつ》くとすれば、すなわち神の名を大山祇命《おおやまつみのみこと》、もしくは木花開耶姫尊《このはなさくやひめのみこと》といい、稀《まれ》にはその御姉の岩長姫命《いわながひめのみこと》とも称えて、何とかして神代巻に合致させようとするのが、近世神道の習わしである。しかもこれは単に山神がある地では男神であり、また他の地方では姫神であったことを語る以外に、いささかも信仰の元の形を、跡づけた名称ではないのである。公認せられない山神の久しい物語には、今はおおよそ忘れたからよいようなものの、なかなかに尊き大山祇の御名を累《わずら》わすべきものが多かった。木《き》樵《こり》草刈狩人の群れが、解しかつ信じていた空想は粗野であった。それを片端から説き立てることは心苦しいが、わずかに山の神に産衣を奉納したという点だけを考えてみても、自分たちはこれを岩長姫の御姉妹に托することの、由なき物好みであったことを感ずるのである。十八、九年前に自分は日向の市房山《いちふさやま》に近い椎葉《しいば》の大河内という部落に一泊して、宿主の家に伝えた秘伝の「狩之巻」なるものを見せて貰ったことがある。その一節の山神祭文《さいもん》猟直しの法というのは、おおよそ次のごとき素朴なる神話であった。不明の文字があるから、むしろ全文を書き留めておく方がよいと思う。

一、そも〳〵山の御神、数を申せば千二百神、本地《ほんじ》薬師《やくし》如来《にょらい》にておはします。観世音菩《かんぜおんぼ》薩《さつ》の御弟子阿修羅王《あしゅらおう》、緊那羅王《きんならおう》、摩睺羅王《まごらおう》と申す仏は、日本の将軍に七代なりたまふ。天の浮橋の上にて、山の神千二百生れたまふ也。此山の御神の母御名を一神《いちがみ》の君と申す。此神産をして、三日までうぶ腹を温めず。此浮橋の上に立ちたまふ時、大摩《おおま》の猟師毎日山に入り狩をして通る時に、山の神の母一神の君に行逢ひたまふとき、われ産をして今日三日になるまでうぶ腹を温めず、汝が持ちしわり子を少し得さすべしと仰せける。大摩申しけるは、事やう〳〵勿体《もったい》なき御事也。此割子《わりこ》と申すは、七日のあひだ行を成し、十歳未満の女子にせさせ、てんから犬にもくれじとて天じやうに上げ、ひみちこみちの袖の振合にも、不浄の火をきらひ申す。全く以て参らすまじとて過ぎにけり。其あとにて小摩の猟師に又行逢ひ、汝高をいふもの也。我こそ山神の母なり、産をして今日三日になるまで、産腹を温めず。山の割子を得さすべしとて乞《こ》ひたまふ。時に小摩申しけるは、さてさて人間の凡夫にては、産をして早くうぶ腹をあたゝめ申すこと也。ましてや三日まで物をきこしめさず、おはす事のいとをしや。今日山に入らず、明日山に入らずとも、幸ひ持ちし割子を、一神の君に参らせん。かしきのうごく、白き粢《しとぎ》の物をきこしめせとてさしあげ奉る。其時一神の君大に悦び、いかに小摩、汝がりう早く閆（開？）かせん。是より丑寅《うしとら》の方にあたつて、とふ阪山といへるあり。七つの谷の落合に、りう三つを得さすべし。猶《なお》行末々たがふまじと誓ひて過ぎたまふ。急々如《きゅうきゅうにょ》律令。敬白。

右の話が天つ神の新嘗《にいなめ》の物忌《ものいみ》の日に、富士と筑波と二処の神を訪れて、一方は宿を拒み他方はこれを許したという物語、巨旦将来蘇《こたんしょうらいそ》民《みん》将来の二人の兄弟が、款待《かんたい》の厚薄によって武塔天神に賞罰せられた話、世降《くだ》っては弘法大師《こうぼうだいし》が来たって水を求めた時、悪い姥はこれを否《いな》んで罰せられ、善き姥は遠く汲んでその労を報いられたという口碑《こうひ》などと、同じ系統の古い形であることは、誰人もこれを認め得る。仮に山の神の母に托した物語が、日向ばかりの発明であったとしても、その意味は深いと思った。しかるについ近頃になって、佐々木君の『東奥異聞』には、遠く離れた陸中の上閉伊郡と、羽後の北秋田郡のマタギの村とに、同じ話が口伝となって残っていたことを報告している。羽後の方では八人組十人組という二組のマタギ、一方は忌を怖れてすげなく断ったに反して、他の一方では小屋の頭が、ただの女性でないと見て快く泊め、小屋で産をさせて介抱をした。陸中の山村では猟人の名を萬治《まんじ》磐司《ばんじ》といい、磐司が独り血の穢《けが》れを厭わず親切に世話をすると、十二人の子を生んだと伝えている。いずれも山神がその好意をめでて、後々山の幸を保障したことは同じであった。

猟師は船方などとは違い、各自独立した故郷があって、互いに交通し混同する機会は決して多くない。それが奥羽と九州の南端と、いつの頃からかは知らぬがこれだけ類似した物語を伝えているのは、必ず隠れた原因がなければならぬ。その原因を尋ね求めることは、今からではもうむつかしいであろうか否か。自分の知る限りにおいては、同じ古伝の破片かと思うものが、中部日本では上古以来の北国街道、近江から越前へ越える荒乳《あらち》山にもあった。『義経記』巻七に義経の一行が、この峠を越えなずんで路の傍に休んだ時、アラチという山の名の由来を、弁慶が説明したことになっている。今の人が聴けば興の覚めるような話だが、加賀の白山の山の神女体こうのりゅうぐうの宮、志賀の辛崎《からさき》明神と御《おん》かたらいあって、懐妊すでにその月に近く、同じくは我国に還って産をなされんとして、明神に扶《たす》けられてこの嶺を越えたもう折に、にわかに御催しあって山中において神子《みこ》誕生なされた。荒血をこぼしたもうによって荒血山とはいうとある。『義経記』全篇の筋とは直接の交渉なき挿話だから、作者の新案とは考えられぬ。多分はこの書が成長をした足利時代中期に、まだ若干の物知りの間に、記憶せられていた口碑かと思う。しかも猟人の神を援助した話は、ここではこれと結び付いていた痕跡がない。二国に分かれ住む陰陽の神が、境の山の嶺に行き逢いたもうということは、大和と伊勢との間でも、信濃と越後の境でも、今なお土地の民はこれを語り伝えている。それと各地の道祖神《さえのたわ》の、驚くべく粗野なる由来記とは、もちろんいずれが本、いずれが末とはきめにくいが、脈絡は確かにあったので、従って深山の誕生というがごとき荒唐なる言い伝えも、成り立ち得る余地は十分にあった。ただ記録以前にあっては話し手の空想がわずかずつ働いて、始終輪廓が固定しなかったというのみである。

例えば浄瑠璃の『十二段草子』は、ほとんど『義経記』と同じ頃に、今の形が整うたものかと思うのに、同じ話がもう別様《べつよう》に語り伝えられ、志賀の辛崎明神を志賀寺の上人、すなわち八十三歳で貴女に恋慕したという珍しい老僧の後日譚にしてしまった。その時京極の御息所《みやすどころ》は年十七、上人三たびその御手を執って我が胸に押し当てたので、すなわち懐胎なされたというのは、同じ近江国手孕《てばら》村の古伝の混淆《こんこう》であるが、やはりまた荒乳の山中にして産の紐《ひも》を解きたもうといい、取り上げたる若子は面は六つ御手は十二ある異相の産児にして、直ちに都率天《とそつてん》に昇り住したまい、後に越前敦賀《つるが》に降ってけいたい菩薩と顕《あらわ》れ、北陸道を守護したもうなどと、大変なでたらめを言っている。もちろんこの通りの話が一度でも、土地に行われていたわけではなく、単に愛発《あらち》の関が上古以来、北国往還の衝にあったために、他の遍土に比べてはこの口碑が一層弘く、かつ一層不精確に流布したことを、推定せしめるに過ぎぬのである。山姥が阪田公時《さかたのきんとき》の母であり、これを山中に養育したという話が、特に相州足柄《あしがら》の山に属することになったのも、また全然同じ事情からであろうと思う。江戸時代中期の読み本として、『前太平記』という書物が世に現れるまでは、山姥の本場は必ずしも、明るい東海のほとりの山でなかった。信州木曾の金時山などでは、現に金時母子の棲《す》んだという巌窟、金時が産湯《うぶゆ》をつかったという池の跡の他に、麓の村々の石の上にはこの怪力童子の足跡なるものがいくらもあって（『小谷《おたり》口碑集』）、むしろ山姥が自由自在に、山また山を山巡りするという、古い評判とも一致するのであるが、これを頼光四天王の一人に托するに至って、足柄ばかりが有名になったのみならず、前後ただ一度の奇瑞のごとく解せられて、かえって俗説の遠い由来を、尋ねる途《みち》が絶えようとするのである。

『臥雲日件録《がうんにっけんろく》』などを読んでみると、山姥が子を生むという話は少なくとも室町時代の、京都にもすでに行われていた。しかもおかしいことには一腹に三人も四人も、怖ろしい子を生むというのである。従ってそれが山神の産養《うぶやしな》いという類の猟人等が言い伝えと、元は果たして一つであるか否かも、容易に決断することは出来ぬのだが、山姥の信仰が今ほど雑駁《ざつぱく》になった上は致し方のないことである。近世の山姥は一方には極端に怖ろしく、鬼女とも名づくべき暴威を振るいながら、他の一方ではおりおり里に現れて祭を受けまた幸福を授け、数々の平和な思い出をその土地に留めている。多くの山村では雪少なく冬の異常に暖かな場合に、ことしは山姥が産をするそうでと言っていた。阿波《あわ》の半田の中島山の山姥石は、山姥が子供を連れて時々はこの岩の上に来て、焚火《たきび》をしてあたらせるのを見たと称してこの名がある。遠州奥山郷の久良幾《くらき》山には、子生嵶《こうみたわ》と名づくる岩石の地が、明光寺の後の峰にあって、天徳年間に山姥ここに住し、三児を長養したと伝説せられる。竜頭峰《りゅうずみね》の山の主竜筑房《りゅうちくぼう》、神之沢の山の主白髪童子、山住《やまずみ》奥の院の常光房は、すなわち共にその山姥の子であって、今も各地の神に祀られるのみか、しばしば深山の雪の上に足痕《あしあと》を留め、永く住民の畏敬を繋いでいた。『遠江国《とおとうみのくに》風土記伝』には平賀矢部二家の先祖、勅を奉じて討伐に来たと誌《しる》してはあるが、後に和談成って彼らの後裔もまた同じ神に仕えたことは、秋葉山住《やまずみ》の近世の歴史から、これを窺《うかが》うことが出来るのである。

山住は地形が明白に我々に語るごとく、本来秋葉の奥の院であった。しかるにいつの頃よりか二処の信仰は分立して、三尺坊大権現の管轄は、ついに広大なる奥山には及ばなかったのである。海道一帯の民が、山住様に帰伏する心持は、何と本社の神職たちが説明しようとも、全く山の御犬《おいぬ》を迎えて来て、魔障盗賊を退ける目的のほかに出なかった。今こそ狼《おおかみ》は山の神の使令として、神威を宣布する機関に過ぎぬだろうが、もし人類の宗教にも世に伴う進化がありとすれば、かつては狼を直ちに神と信じて、畏敬祈願した時代があって、その痕跡は数々の民間行事、ないしは覚束《おぼつか》ない口碑の中などに、辿《たど》ればこれを尋ね出すことが出来るわけである。山に繁殖する獣は数多いのに、独り狼の一族だけに対しては、産見舞《うぶみまい》という慣習が近頃まであった。遠江三河には限ったことではないが、諸国の山村には御犬岩などと名づけて、御犬が子を育てる一定の場処があった。いよいよ産があったという風説が伝わると、里ではいろいろの食物を重箱に詰めて、わざわざ持参したという話は珍しくない。ただし果たして狼の産婦が実際貰って食べたか否かは確かでない。津久井の内郷などでは赤飯の重箱を穴の口に置いて来ると、兎《うさぎ》や雉子《きじ》の類を返礼に入れて返したなどと、もうそろそろ昔話に化し去らんとしているが、秩父の三峰山《みつみねさん》では今もって厳重の作法があって、これを御産立《おこだて》の神事と言うそうである。『三峯山誌』の記するところによれば、御眷属子《ごけんぞく》を産まんとする時は、必ず凄然《せいぜん》たる声を放って鳴く。心直《す》ぐなる者のみこれを聴くことを得べし。これを聴く者社務所に報じ来れば、神職は潔斎衣冠《けっさいいかん》して、御炊上《おたきあ》げと称して小豆飯《あずきめし》三升（約五・四キログラム）を炊《た》き酒一升（約一・八リットル）を添え、その者を案内として山に入り求むるに、必ず十坪（約三十三平方メートル）ばかりの地の一本の枯草もなく、掃き清めたかと思う場所がある。その他に注連《しめ》を続《めぐ》らし飯酒を供えて、祈禱して還るというので、これまた産の様子を見たのではないが、この神事のあった年に限って、必ず新たに一万人の信徒が増加するとさえ信じていた。

しかもこの話が単に山神信仰の一様式に過ぎなかったことは、いわゆる御産立の神事が年を隔てて、稀《まれ》に行われていたのを見ても察せられる。狼は色欲の至って薄い獣だという説もあり、あるいはこの獣の交わるを見た者は、災があるという説があったのも、つまりは山中天然の現象の観察が、かくのごとき信仰を誘うたものではなく、かねて山神の子を産むという信仰があったために、かかる偶然の出来事に対しても、なお神秘の感を抱かざるを得なかったことを意味するかと思う。狼が化けて老女となりもしくは老女が狼の姿を仮りて、旅人を劫《おびや》かしたという話は、西洋にも弘く分布しているらしいが、日本での特色の一つは、これもまた分娩ということとの関係であった。ことに阿波土佐伊予あたりの山村においては、身持の女房が俄《にわ》かに産を催し、夫《おっと》が水を汲みに谷に降っている間に、狼の群れに襲われたという話を伝え、または山小屋に産婦を残して里に出た間に、咬《か》み殺されたという類の物語があって、あるいはこの獣が荒血の香を好むというがごとき、怪しい博物学の資料にもなっているようだが、実事としてはあまりに似通うた例のみ多く、しかもその故跡には大木や巌があって、しばしば祟《たた》りを説き亡霊を伝えているのを見ると、これも本来同一系統の信仰が、次第に形態を変じて奇談小説に近づこうとしているものなることを、推測することが出来るのである。

ただし実際この問題はむつかしくて、もうこれ以上に深入りするだけの力もないが、とにかくに自分が考えてみようとしたのは、何故に多くの山の神が女性であったかということであった。山中誕生の奇怪なる昔語りが、かくいろいろの形をもって弘くかつ久しく行われているのは、あるいはこの疑問の解決のために、大切なる鍵ではなかったかということである。日向の椎葉山の猟人伝書に、山神の御母の名を一神《いちがみ》の君と記し、または安芸《あき》と石見《いわみ》を境する亀尾山の峠において、御子を生みたもうと伝うる神が、市杵島姫命《いちきしまひめのみこと》であったというのも、自分にとっては一種の暗示である。イチは現代に至るまで、神に仕える女性を意味している。語の起こりはイツキメ（斎女）であったろうが、また一の巫女《みこ》などとも書いて、最も主神に近接する者の意味に解し、母と子と共にあるときは、その子の名を小市ともまた市太郎とも伝えていた。代を重ねて神を代表する任務を掌《つかさど》っているうちに、次第に我が始祖をも神と仰いで、時々は主神と混同する場合さえあったのは、言わば日本の固有宗教の一つの癖であった。故に公の制度としては斎女の風は夙《つと》に衰えたけれども、なお民間にあっては清くかつ慧《さか》しい少女が、あるいは神に召されて優れたる御子を産み奉るべしという伝統的の空想を、全然脱却することを得なかったのかと思う。信仰圏外の批判をもってすれば、これを精神疾患の遺伝ともいうことが出来るが、平和古風の山村生活にあっては全く由緒ある宗教現象の一つであった。ことにまた深山の深い緑、白々とした雲霧の奥には、しばしばその印象と記憶を新たにするだけの、天然の力が永く後々まで潜んでいたのである。

二〇　深山に小児を見るという事

日向の猟人の山神祭文にも、山の神千二百生れたもうということがあるが、山を越えて肥後の球磨《くま》郡に入ると、近山太郎中山太郎、奥山太郎おのおの三千三百三十三体と唱えて、一万に一つ足らぬ山の神の数を説くのである。算《かぞ》えた数字でないことはもとよりの話だが、この点はすこぶる足柄山の金太郎などと、思想変化の方向を異にしているように思われる。いわゆる大山祇命の付会が企てられた以前、山神の信仰にはすでに若干の混乱があった。木樵猟人がおのおのその道によって拝んだほかに、野を耕す村人らは、春は山の神里に下って田の神となり、秋過ぎて再び山に還りたもうと信じて、農作の前後に二度の祭を営むようになった。伊賀地方の鉤曳《かぎひき》の神事を始めとし、神を誘い下す珍しい慣習は多いのであるが、九州一帯ではこれに対して、山ワロ河ワロの俗伝が行われている。中国以東の河童《かわわろ》が淵池毎に孤居するに反して、九州でミズシンまたはガアラッパと称する者は、常に群をなして住んでいた。そうして冬に近づく時それがことごとく水の畔を去って、山に還って山童《やまわろ》となると考えられ、夏はまた低地に降り来ること、山の神田の神の出入りと同じであった。紀州熊野の山中において、カシャンボと称する霊物も、ほぼこれに類する習性を認められている。寂寥《せきりょう》たる樹林の底に働く人々が、我が心と描き出す幻の影にも、やはり父祖以来の約束があり、土地に根をさした歴史があって、万人おのずから相似たる遭遇をする故に、仮に境を出るとたちまち笑われるほどのはかない実験でも、なお信仰を支持するの力があった。ましていわんやその間には今も一貫して、日本共通の古くからの法則が、まだいくらも残っていたのである。

『西遊記』その他の書物に、九州の山童として記述してあるのは、他の府県で言う山男のことであって、その挙動なり外貌なりは、到底河童の冬の間ばかり、化してなる者とは思われぬのであるが、別にこれ以外に谷の奥に潜んで、小さな怪物のいるという言い伝えはあったので、山童はもと恐らくはこの方に属した名であった。壱岐《いき》の島では一人の旅人が、夜通しがやがやと宿の前を、海に下って行く足音を聴いた。夜明けて訊ねるとそれは山童の山から出て来る晩であった。あるいはまた山の麓の池川の堤に、子供のかと思う小さな足痕《あしあと》の、無数に残っているのを見て、河童が山へ入ったという地方もある。秋の末近く寒い雨の降る夜などに、細い声を立てて渡り鳥の群れが空を行くのを、あれがガアラッパだと耳を峙《そばだ》てて聴く者もあった。阿蘇の那羅延坊《ならえんぼう》などという山伏は、山家に住みながら河童予防の護符を発行した。すなわち夏日水辺に遊ぶ者の彼らの害を懼《おそ》るるごとく、山に入ってはまた山童を忌み憚《はばか》っていた結果かと思われるが、近世に入ってからその実例がようやく減少した。大体にこの小さき神は、人間の中の小さい者も同じように、気軽な悪戯《いたずら》が多くて驚かすより以上の害は企て得なかった。注意をすればこれを防ぐことが出来たために、後次第に人がその威力を無視するに至ったのである。『観恵交話《かんけいこうわ》』という二百年ほど前の書物には、豊後の国かと思うある山奥に、せこ子と称する怪物がいる話を載せている。形は三尺（約九十センチ）から四尺（約百二十センチ）、顔の真中に眼がただ一つであるほか、全く人間の通りで、身には毛もなくまた何も着ず、二、三十ずつ連れだってあるく。人これに逢えども害をなさず、大工の持つ墨壺《すみつぼ》をことのほかほしがれども、やれば悪しとて与えずと杣《そま》たちは語る。言葉は聞こえず、声はひゅうひゅうと高く響く由なりと言っている。

眼が一つということは突然に聞けば仰天するが、土佐でも越後でも、また朝鮮でも、あるいは遠く離れて欧羅巴《ヨーロッパ》の多くの国の田舎でも、こんな境遇の非類の物には、おりおり付いて廻る噂である。如何してそういう風に目に見えたかは、残念ながらまだ明白に判らぬというまでで、まずは怪物の証拠とでも言うべきものであった。大和吉野の山中においては、また木の子と名づくるおよそ三、四歳の小児ほどの者がいた。身には木の葉を着ているとある。これは『扶桑《ふそう》怪談実記』の誌《しる》すところであって、その姿ありともなしとも定まらずなどと、至って漠然たる話ながら、山働きの者おりおり油断をすると木の子に弁当を盗まれることがあるので、木の子見ゆるや否や棒をもってこれを追い散らすを常とすともあれば、少なくとも多数の者が知っていたのである。この外にも秋田の早口沢《はやくちざわ》の奥に鬼童という者の住むことは、『黒甜瑣語』三編の四に見え、土佐の大忍《おおさい》郷の山中に、笑い男という十四、五歳の少年が出て笑うことが、『土州淵岳志《どしゆうえんがくし》』に書き留めてある。それが誇張でありもしくは誤解なることは、細かに読んでみずとも断定してよいのであるが、こういう偶然の一致がある以上は、誤解にもなお尋ぬべき原因があるわけである。

その上にまだ時としては、誤解とも誇張とも考えられぬ場合もある。これは[24]南方熊楠《みなかたくまぐす》氏の文通によって知ったのだが、前年東部熊野の何とか峠を越えようとした旅人、不意に路傍の笹原の中から、がさがさと幼児が一人這《は》い出して来たのを見て、びっくりして急いで山を走り降った。それから幾日かを経て同じ山道を戻って来ると、今度はその子供が首を斬《き》られて同じあたりに死んでいたのを見たという。頭も尻尾もなく話はただこれだけだが、その簡単さがむしろこの噂の人の、作った物語でないことを感ぜしめる。南方氏の書状はこれに付け加えて、印度《インド》は地方によって狼の穴から生きた人間の赤児を拾って来た事件が、今でも新聞その他におりおり報ぜられる。この国は狼の害はなはだ多く、小児の食われる実例が毎年なかなかの数に達し、狼に食われた子供の首飾り腕飾りの落ちたのを、山をあるいては拾い集める職業さえある。最近のロミュルスはすなわちこの連中によって発見せられるので、狼が飽満して偶然に食い残した子供か、無邪気に食を求めて狼の乳を吸い、自然に猛獣の愛情を喚起して狼の仔《こ》と共に育てられるのだ。ある孤児院へ連れて来た童子などは、四つ這《ば》いをして生肉の他は食わず、うなる以外に言語を知らず、挙動が全然狼の通りであったと報告せられていると示された。ただしこの種の出来事は必ず昔からであろうが、これに基いて狼を霊物とした信仰はまだ聞かぬに反して、日本の狼は山の神であっても子供を取ったという話ばかり多く伝わり、助け育てたという実例はないようである。故に性急にこの方面から山の赤子の説明を引き出そうとしてはならぬのである。

二一　山姥を妖怪なりとも考え難き事

山姥山姫は里に住む人々が、もと若干の尊敬をもって付与したる美称であって、あるいはそう呼ばれてもよい不思議なる女性が、かつて諸処の深山にいたことだけは、略疑を容《い》れざる日本の現実であった。ただしこれに関する近世の記録と口承とは、はなはだしく不精確であった故に、最も細心の注意をもって、その誤解誇張を弁別する必要があるのはもちろんである。自分が前に列記したいくつかの見聞談のごとく、女が中年から親の家を去って、彼らの仲間に加わったという例の外に、別に最初から山で生まれたかと思われる山女も往々にして人の目に触れた。これも熊野の山中において、白い姿をした女が野猪《やちょ》の群れを追いかけて、出て来ることがあると、『秉穂録《へいすいろく》』という本に見えている。土佐では槙《まき》山郷《やま》の宇筒越《うつつごえ》で、与茂次郎という猟師夜明けに一頭の大鹿の通るのを打ち留めたが、たちまちそのあとから背丈一丈（約三百センチ）にも余るかと思う老女の、髪赤く両眼鏡のごとくなる者が、その鹿を追うて来たのを見て動顚《どうてん》したと、寺石氏[25]の『土佐風俗と伝説』には誌してある。

猪を追う女の白い姿というは、あるいは裸形のことを意味するのではなかったか。薩摩の深山でも往々にして婦人の姿をした者が、嶺を過ぐるを見ることがある。必ず髪を振り乱して泣きながら走って行くと、この国の人上原白羽という者が、『今斉諧《きんせいかい》』の著者に語っている。それがもし実験者の言に基くものならば、泣きながらとは多分奇声を発していたことを言うのだろう。『遠野物語』に書き留められた山中深夜の女なども、待てちゃアと大きな声で叫んだと言っている。他の地方にも似たる例は多く、大抵は背丈がむやみに高かったことを説いているが、怖ろしくて遁げて来た者の観察だから、寸法などは大ざっぱなものであろうと思う。それよりも土地を異にし場合を異にして、おおよそ形容の共通なるもの、例えば声とか髪の毛の長く垂れていたとかいう点の同じかったのは注意に値する。山で大きな女の屍体《したい》を見たという話は、これもいくつかの類例が保存せられてあるが、なかんずく有名なのは夙《はや》く橘南谿《たちばななんけい》[26]の『西遊記』に載せられた日向南部における出来事である。

日向国飫肥《おび》領の山中にて、近き年菟道弓《うじゆみ》にて怪しきものを取りたり。惣身《そうしん》女の形にして色ことの外白く、黒髪長くして赤裸なり。人に似て人に非ず。猟人も之を見て大《おおい》に驚き怪み人に尋ねけるに、山の神なりと謂ふにぞ、後の祟《たた》りも恐ろしく取棄てもせず、其まゝにして捨置きぬ。見る人も無くて腐りしが、後の祟りも無かりしとぞ。又人のいひけるは、是は山女と謂ふものにて、深山にはまゝあるものといへり云々。この菟道弓のウジというのは、野獣が踏みあけた山中の通路である。同じところを往来する習性があるのを知って、かかれば独りでに発するようにウジ弓を仕掛けておくのである。それに来て斃《たお》れたというのは、いくら神でなくとも驚くべき不注意であって、珍しい事件であったに相違ないが、都に住む橘氏ならばとにかく、土地の猟人が初めて名を知ったというのは、やや信じにくい話である。ことにこの方面は今でも山人の出現が他に比べては著しく頻繁であり、現にこの記事以後にも、いろいろの珍聞が伝えられているのである。

◯

八田知紀《はったとものり》翁の『霧島山幽境真語』の終わりに、次のような一話が載せてある。

おとゞし（文政十二年）の秋、日向の高岡郷（東諸県郡《ひがしもろかたぐん》）にものしける時、籾木《もみぎ》村なる郷士、籾木新右衛門と云へる人の物がたりに、高鍋領《たかなべ》の小菅《こすげ》岳という山に、高岡郷より猟に行通ふ者のありけるが、一日罠《わな》を張り置けるに、怪しき物なんかゝりたりける。さるは大方は人の形にて、髪いと長く、手足みな毛おひみちたり。さてそれが謂けひるは、私はもと人の娘なり。今は数百年の昔、世の乱れたりし時、家を遁《のが》れ出てこの山に兄弟共に隠れたりけるが、それよりふつに人間の道を絶ちて、朝夕の食ひ物とては、鳥獣木の実やうのものにて有り経しかば、をのづから斯《こ》う形も怪しくは成りにけり。今日しも妹の在る処に通はんとて、夜中に立ちて物しけるに、思はんやかゝる目に遭はんとは。いかでく\我命をば助けよかしと、涙おとして詫びけれど（その言語今の世の詞《ことば》ならで、定かには聴取りかねしとぞ）、いといぶかしくや思ひけん、其儘里へ馳せ還りて、友あまたかたらひ来て、其女を殺してけり。さて其男は幾程も無く病み煩《わずら》ふことありて死にけりとか。こは近頃の事なりとて、男の名も聞きしかど忘れにけり。

小山勝清君[27]の外祖母の話であった。明治の初年、肥後球磨《くま》郡の四浦《ようら》村と深田村との境、高山の宮山の林の中に、猟師の掛けておいた猪罠《ししわな》に罹《かか》って、これも一人の若い女が死んでいた。丸裸であったそうだ。これを付近の地に埋めたが、後に祟りがあったという話である。我々の注意するのは、以上三つの話が少しずつ時を異にし、またわずかばかり場処をちがえて、いずれも霧島市房《いちふさ》連山の中の、出来事であったという点である。ただし猪罠の構造を詳しく知らねばならぬが、かかった女が身の上を語ったという小萱岳の一条には、はなはだしく信じにくいものがある。姉と妹とが別れ別れに住んでいて、時あって相訪うということは話の様式の一つであり、乱を避けて山に入ったというのも、この地方の人望ある昔談《むかしがた》りに他ならぬ。言葉が古風で聴き取りにくかったという説明と共に、必ず仲継者の潤飾が加わっているかと思う。それよりも大切な点はわずかな歳月、わずかな距離を隔てて似た様な三つの事件が起こり、しかもそれぞれ状況を異にして、真似た痕跡のないことである。自分は必ず今にまた新しい報告の、更に付加せらるべきことを予期している。

○

他の地方の類例はまた熊野の方に一つある。長《たけ》八尺（約二百四十センチ）ばかりな女の屍《し》骸《がい》を、山中において見た者がある。髪は長くして足に至り、口は耳のあたりまで裂け、目も普通より大なりと記している。それから『越後野志《えちごやし》』巻十八には、山男の屍骸の例が一つある。天明の頃、此国頸城《くびき》郡姫川の流に、山男が山奥から流れて来た。裸形にして腰に藤蔓を纏《まと》う。身のたけ二丈（約六百センチ）余とある。ただし人恐れてあえて近づかず、遂に海上に漂い去るといって、寸尺は測ってみたのではなかった。しかも二丈あまりというのはかねてこの地方で言うこととみえて、同じ書物の他の条にもそう書いてある。

ただし山男の身長の遥かに尋常を超えていたことは、他の多くの地方でも言うことで、あるいは事実ではないかと思う。このついでにほんの二つか三つ実例を挙げてみるならば、『有斐斎剳記《ゆうひさいさつき》』に対馬《つしま》某という物産学者、薬草を採りに比叡山の奥に入って、たまたま谷を隔てて下の方に、一人の小児の岩から飛び降りてはまた攀《よ》じ登って遊んでいるのを見た。村の子供が来て遊ぶものと思っていたが、後日そこを通ってみるに、岩は高さ数仞《じん》の大岩であった。それからみると小児と思ったのは、身の丈《たけ》一丈もあったわけで、初めて怪物ということに気がついた。石黒忠篤《ただあつ》君がかつて誰からか聴いて話されたのは、幕末の名士川《かわ》路左衛門尉《じさえもんのじょう》、ある年公命を帯びて木曾に入り、山小屋にとまっていると、月明らかなる夜更けにその小屋の外に来て、高声に喚《よ》ぶ者がある。刀を執《と》って戸を開いて見るに、そこにははや影も見えず、小屋の前の山を極めて丈の高い男の下って行く後姿が、遠く月の光で見えたそうだ。山男であろうとその折従者に向かって言われたが、他日ついに再びこれを口にせず、先生の日記にも伝にも、そのことを記したものはなかったという。山中笑翁《えみ》が前年駿州《すんしゅう》田代川の奥へ行かれた時、奥仙俣《おくせんまた》の杉山忠蔵という人が、その父から聴いたといって語った話の中に、若い時から猟がすきで、毎度鹿を追うて山奥に入ったが、真に怖ろしくまた不思議だと思ったことは、生涯に二度しかない。その一度は山中の草原が丸太でも曳《ひ》いて通ったように、一筋倒れ伏しているのを怪しんで見ているうちに、前の山の樹木がまた一筋に左右に分かれて、次第に頂上に押し登って行ったこと、今一度は人の足跡が土の上にあって、その大きさが非常なものであった。かねてこんな場合の万一の用意に、持っている鉄の弾丸を銃にこめて、なお奥深く入って行くと、ちょうど暮方《くれがた》のことであったが、不意に行く手の大岩に足を踏み掛けて、山の陰へ入って行く大男の後姿を見た。その身の丈が見上げても目の届かぬほどに高かった。あまり怖ろしいので鉄砲を打ち放す勇気もなく還って来たと語ったそうである。昨今はすでに製紙や枕木のために、散々に伐り荒らされたから事情も一変したが、以前はこの辺から大井の川上にかけては、山人にとっての日高の沙留《さる》とも言うべく、最も豊富なる我々の資料を蔵していた。安倍郡大川村大字日向《ひなた》の奥の藤代山などでも、かつて西河内の某という猟師が、大きな人の形で毛を被った物を、鉄砲で打ち留めたことがあった。『駿河国新風土記』巻二十には、何でも寛政初年のことであったらしく記している。打ち留めたもののあまりの怖ろしさに、そのままにして家に帰り、それが病の元になって猟師は死んだ。その遺言に一年も過ぎたなら、こうこうしたところだから往《い》ってみよとあったので、その通りに時経て後出かけて捜してみると、偉大なる脛《すね》の骨などが落ち散り、傍にはまた四五尺（約百二十〜百五十センチ）あるかと思う白い毛が、夥《おびただ》しくあったと伝えられる。その様に長いならば髪の毛だろうと思うが、何分多くは何段かのまた聞きであったため、満身に毛を被るという記事がいつも精確でなく、ことにこの地方では猿の劫《こう》経たものとか、狒々《ひひ》とかいう話が今でも盛んに行われて、一層人の風説を混乱せしめる。新聞などを注意していると、四五年に一度くらいはそういう噂が必ず起こり、その実打ち取ったのはやや大形の猿であり、ただその話と寸法とのみが以前の山男の方に近くなっている。つまりはうそであり誇張ながらも、よって来たるところだけはあるのである。なお最後に今一つ、どうでも猿ではなかった具体的の例を出しておく。これは『駿河志料』巻十三、『駿河国巡村記』志太《しだ》郡巻四に共に録し、前の二つの話よりは少しく西の方の山の、やはり百余年前の出来事であった。

大井川の奥なる深山には山丈《やまじやう》といふ怪獣あり。島田の里人に市助といふ者、材木を業として此山に入ること度々なり。或時谷畠の里を未明に立ち、智者山《ちしややま》の険岨《けんそ》を越え、八草の里に至る途中、夜既に明けんとするの頃深林を過ぐるに、前路に数十歩を隔てゝ大木の根元に、たけ一丈余の怪物よりかゝるさまにて、立ちて左右を顧みるを見たり。案内の者潜かに告げて言ふ。かしこに立つは深山に住む所の山丈と云ふもの也。彼に行逢へば命は測り難し。前へ近づくべからず又声を揚ぐべからず、此林の茂みに影を匿《かく》せと謂ふ。市助は怖れおびえて、もとの路に馳せ返らんと言へど、案内の者制し止め、暫時の間に去るべければ日の昇るを待てと言ふまゝに、せんすべ無く只声を呑みてかたへに隠る。其間にかの怪物、樹下を去りて峰の方へ疾走す。潜かに之を窺《うかが》ふに、形は人の如く髪は黒く、身は毛に蔽《おお》はれたれど面は人のやうにて、眼きらめき長き唇そりかへり、髪の毛は一丈余にてかもじを垂れたるが如し。市助は之を見て身の毛立ち足の踏みどを知らず。されど峰の方へ走り行くを見て始めて安堵《あんど》の思を為し、案内と共にかの処に来りて其跡を閲《けみ》するに、怪獣の糞《ふん》樹下にうづたかく、その多きこと一箕《き》ばかりあり、あたりの木は一丈ほど上にて皮を剝《む》きさぐりたる痕《あと》あり。導者曰ふ。これ怪物があま皮を食ひたる也。怪物は又篠竹《しのだけ》を好みて食ふといへり。糞の中には一寸ばかりに嚙み砕ける篠竹あり。獣の毛もまじりたりしとかや、按《あん》ずるに是は狒々と称するものにて、山丈とは異なるなるべし（以上）。この話はいかにも聴いた通りの精確な筆記のようだが、やはりよく見ると、文人の想像が少しはまじっていること、あたかも嚙み砕いた篠竹のごとくである。例えば長き唇反り返るとあるのは、支那の書物に古くからあることで、実はどんな風に長いのか、日本人には考えも付かぬ。到底夜の引き明けなどに眼につくような特徴ではなかったのである。山丈のジョウは高砂の尉と姥などのジョウで、今の俗語のダンナなどに当たるだろう。すなわち山人の男子のやや年輩の者を、幾分尊んで用いた称呼にして、まさしく山姥と対立すべき中世語であった。

二二　山女多くは人を懐かしがる事

全体に深山の女たちは、妙に人に近づこうとする傾向があるように見える。あるいは婦人に普通なる心弱さ、ないしは好奇心からではないかと、思うくらいに馴々《なれなれ》しかったこともあるが、それにしては彼らの姿形の、大きくまた気疎《けうと》かったのが笑止である。山で働く者の小屋の入口は、大抵は垂蓆《たれむしろ》を下げたばかりであるが、山女夜深く来たってその蓆をかかげ、内を覗《のぞ》いたという話は、諸国においてしばしばこれを聞くのである。そういう場合にも髪は長くして乱れ、眼の光がきらきらとしているために、喰いにでも来たかのごとく、人々が怖れ騒いだのである。あるいはまた日が暮れて後、突然として山小屋に入り来たり、囲炉裏《いろり》の向こうに座って、一言も物を言わず、久しく火にあたっていたという話も多い。豪胆《ごうたん》な木挽《こびき》などが退屈のあまりに、これに戯れたなどという噂のあるのは自然である。羽後の山奥ではこんな女をわざわざ招き寄せるために、ニシコリという木を炉に燃す者さえあると『黒甜瑣語《こくてんさご》』などには記しているが、それは果たしてどういう作用をするものか、その木の性質と共になお尋ねてみたいと思っている。

今から三十年あまり以前、肥後の東南隅の湯前《ゆのまえ》村の奥、日向の米良《めら》との境の仁原山に、アンチモニィの鉱山があった。その事務所に住んでいた原田瑞穂という人が、夜分少し離れた下の小屋に往《い》って、人足たちと一緒になって夜話をしていると、時々ぱらぱらとその小屋の屋根に、小石を打ち付ける音がする。少し気味が悪くなってもう還ろうと思い、その小屋を出てうしろの小路をわずか来ると、だしぬけに背の高い女が三人横の方から出て、その一人が自分の手を強く捉《とら》えた。三人ながらほとんど裸体であった。何かしきりに物を言うけれども、怖ろしいので何を言うか解らなかった。その内に大声に人を喚《よ》んだ声を聞いて、小屋から多勢の者がどやどやと出て来たので、女は手を離して足早に嶺の方へ上ってしまった。これも小山勝清君の話で、経験をした原田氏は、その頃まだ若かった同君の叔父である。

自分はこの鉱山のあった仁原山が、前に挙げた獣のわなに山女の死んでいた三つの場処の、ほぼまん中である故に、ことにこの話に注意をする。もし山人にも土地によって、気風に相異があるものとすれば、南九州の山中に住む者などは、取り分け人情が惇樸《じゅんぼく》でかつ無智であったように思われるからである。

○

この類の実例はゆくゆくなお追加し得る見込みがある。前にいう仁原山は市房山と白髪岳との中間にある山だが、その白髪岳の山小屋でも、近年山の事業のためにしばらく入っていた某氏が、夜になると山女が来て足を持って引っ張るので、何分にも怖ろしくて我慢《ご》が出来ぬと言って、還って来たこともあった。球磨郡四浦村の古という木挽が、かつて五箇庄《かのしょう》の山で働いていた時に、小屋へ黙って入って来た髪の毛の長い女などは、にこにことしてしきりに自分の乳房をいじっていた。驚いて飛び出して銕砲《てつぽう》などを持って、多勢で還って来てみるともうその辺にはいなかったそうである。単に遠くから姿を見たというだけの話なら、まだこの付近にも近頃の例がいくつかある。東北地方では会津の磐梯山《ばんだいさん》の入山などにも、山女らしい話がおりおり伝えられる。『竜章東国雑記』の第六集に、文化の初頃、山麓某村の農民二人、川芎《せんきゅう》といふ薬草を採りに、此山西北の谿《たに》に入つて還ることなり難く、流に傍《そ》うた大木の虚洞《うつろ》に夜を過すとて、穴の外に火を焚いて置くと、たけ六尺ほどで髪の長さは踵《かかと》を隠すばかりなる女が、沢蟹《さわがに》を捕へて此火に炙《あぶ》つて食ひ、又両人を見て笑つたと記している。これ俗に山ワロと謂ひ野猨《やえん》の年経たるもの也。奥羽の深山にはまゝ居る由にて、よく人の心中を知れども人に害を為すことなしなどとあって、土地でも詳しいことは知らぬのである。また『老媼茶話《ろうおうちゃわ》』には猪苗代《いなわしろ》白木城の百姓庄右衛門、同じく磐梯山の奥に入って、山姥のかもじと称するものを見付けたことを載せている。長さ七八尺にして白きこと雪の如く、松の大木の梢にかゝつて居たとあってその末に、世に謂ふ山姥は南蛮国《なんばん》の獣なり。其形老女の如し。腰に皮ありて前後に垂れ下りたふさぎの如し。たま〳〵人を捕へては我が住む岩窟に連れゆき、強《し》ひて夫婦のかたらひを求む。我心に従はざるときは其人を殺せり。力強くして丈夫に敵す。好みて人の小児を盗む。盗まれし人之を知り、多勢集まり居て山姥が我子を盗みしことを大音に罵《のの》り恥《し》しむるときは、窃かに小児を連れ来り、其家の傍に捨て置き帰るといへりなどと言っている。実際の遭遇が漸く稀《まれ》になって雑説はいよいよ付け加わるので、これなども支那の書物の知識が、もう半分ばかりもまじっているようである。

◯

あるいは単に人間の炉の火を恋しがって、出て来るものとも想像し得る場合がある。冬の日に旅をした人ならこの心持ちは解るが、たとえ見ず知らずの人が焚火をするところでも、妙に近づいてみたくなるものである。夜分に人の家の火が笑語の声と共に、戸の隙間《すきま》から洩《も》れるのを見ると、嫉《ねた》ましくさえなるものだ。無邪気な山の人々もこの光に引き付けられて来るのかも知らぬ。『秉穂録』にはまた熊野の山中で炭焼く者の小屋へ、七尺（約二百十センチ）あまりの大山伏のやって来ることを録している。ただし魚鳥の肉を火に投ずるときは、その臭気を厭うて去るというのは、少しく前の沢蟹の話とは一致せぬが、火に対する趣味などにも地方的に異同があるのだろう。前に引用した『雪窓夜話』の上巻には、また次のような一件も記してある。すなわち因州での話である。

西村某と云ふ鷹匠《たかじょう》あり。鷂《たか》を捕らんとて知頭《ちず》郡蘆《あし》沢山の奥に入り、小屋を掛けて一人住みけり。夜寒の頃なれば、庭に火を焚きてあたり居《お》けるに、何者とも知れず、其《その》たけ六尺あまりにて、老いたる人の如くなる者来りて、黙然と彼の火によりて、鼻をあぶりてつくばひたり。頭の髪の赤くちゞみて、面貌《めんぼう》人に非ず猿にも非ず、手足は人の如くにして、全身に毛を生じたり。西村は天性剛なる男なれば、更に驚くこと無く、汝は何処《いずこ》に住む者ぞと問ひけれども、敢《あえ》て答へず。暫《しばら》くありて立帰る。西村も其後に沿ひて出でけれども、夜甚だ暗くして、其行方を知らずなりぬ。其後又来りて、小屋の内を覗《のぞ》くことありしに、西村、又来たか、今宵《こよい》は火は無きぞと言ひければ、其まゝ帰りけると也。里人に其事を語りければ、山父《やまちち》と云ふもの也。人に害を為す者に非ず。之を犯すことあれば、山荒るゝと謂ひけると也。

スキーで近頃有名になった信越の境の山にも、半分ほど共通の話があって、『北越雑記』巻十九に出ている。断っておくがこれら二つの書物は共に写本であって流布も少なく、一方の筆者は他の一方の著述の存在をすら知らなかったのである。それを自分たちが初めて引き比べて見るところに、学問上の価値が存するのである。妙高山焼山黒姫山皆高嶺にて、信州の飯綱戸隠《とがくし》、越中の立山まで、万山重なりて其境幽凄《ゆうせい》なり。高田の藩中数十軒の薪《まき》は、皆この山中より伐出す。凡そ奉行より木挽杣《こびきそま》の輩《やから》に至るまで、相誓ひて山小屋に居る間、如何なる怪事ありても人に語ること無し。一年《ひととせ》升山某、役に当りて数日山小屋に在りしが、夜は人々打寄りて絶えず炉に火を焚きてあたる。然《しか》るに山男と云ふもの、折ふし来ては火にあたり一時《いっとき》ばかりにして去る。其形人に異なること無く、赤髪裸身灰黒色にして、長《たけ》は六尺あまり、腰に草木の葉を纏《まと》ふ。更に物言ふこと無けれども、声を出すに牛のいばふ如く聞ゆ。人の言語はよく聞分くる也。相馴れて知人の如し。一夕升山氏之に向ひて、汝木葉を着るは恥ることを知るなり。火にあたるは寒さを畏《おそ》るゝなり。然らば何ぞ獣の皮を取りて身に纏わざるやと言ひしに、つく〳〵と之を聞きて去れり。翌夜は忽ち羚《かも》羊《しか》二疋《ひき》を両の手に下げて来り、升山の前に置く。其意を解し、短刀もて皮を剝《は》ぎて与ふれば、山男は頻《しき》りに口を開き打笑ひ、悦《よろこ》びて帰りぬ。すでにして又来たるを見れば、さきの皮一枚は、藤を以《もっ》て繋《つな》ぎ合せて背に負ひ、他の一枚は腰に巻き付けたり。されど生皮を其まゝ着たる故、乾くにつれて縮みより硬《こわ》ばりたり。皆々打笑ひ、熊の皮を取り、十文字にさす竹入れ、小屋の軒に下げて見せ、且つ山刀一挺《ちょう》を与へて帰らしむ。其後数日来ずと謂へり（以上）。これなどは秘密を誓約した人々の抜け荷だから、若干の懸値《かけね》があっても吟味をすることが困難である。

二三　山男にも人に近づかんとする者ある事

山人も南九州の山に住む者が、特に無害でありまた人なつこかったように思われる。山中をさまようて危害の身に及ぶに心付かず、しばしば里の人の仮小屋を訪問して、それほどまでに怖れ嫌われていることを知らなかったという例は、主として霧島連峰中の山人の特質であった。なお同じ方面の出来事として、水野葉舟君[28]からまた次のような話も教えられた。

日向南那珂《ひゅうがみなみなか》郡の人身上千蔵君曰く、同君の祖父某、四十年ばかり以前に、山に入って不思議な老人に行き逢うたことがある。白髪にして腰から上は裸、腰には帆布のような物を巻付けていた。にこにこと笑いながらこちらを向いて歩んで来る様子が、いかにも普通の人間とは思われぬ故に、かねて用心のために背に負う手裏剣《しゅりけん》用の小さい刀の柄に手を掛け、近く来ると打つぞと大きな声でどなったが、老翁はいっこうに無頓着で、なお笑いながら傍へ寄って来るので、段々怖ろしくなって引き返して遁《に》げて来た。ところがそれから一月《ひとつき》ばかり過ぎてまた同じ山で、村の若者が再び同じ老人に逢った。一羽の雉子《きじ》を見つけて鉄砲の狙《ねら》いを定め、将《まさ》に打ち放さうとするときに、不意に横合から近よってこの男の右の腕を柔かに叩く者があった。振り向いて見ればその白髪の老人で、やはりにこにこと笑って立っている。白髪の端には木の葉などが付いていたという。これを見ると怖ろしさのあまり気が遠くなり、鉄砲を揚げたままで立ちすくんでいたのを、しばらくしてから村の人に見付けられ、正気になって後にこの話をしたそうだ。眼の迷いとかまぼろしとか、言ってしまうことの出来ない話で、しかも作り話としては何の曲もなく、かつ二度の実見が一致していた。何かは知らずとにかくにそんな人が、この辺の山には正《まさ》しくいたのである。

◯

山人が我々を目送りしたという話もおりおり聞く。そうしてはなはだ気味の悪いことに、これを解説するのが普通であった。気味の悪くないこともあるまいが、彼らは元来が真の有閑階級だから、実ははっきりとした趣意もなく、ただ眺めていた場合もあったかも知れぬ。ただし少年や女には、これを怖れる理由は十分にあった。前年前田雄三君から聴いた話は、越前丹生《にゅう》郡三方《みかた》村大字杉谷の、勝木袖五郎という近頃まで達者でいた老人、今から五十余年前に十二三歳で、秋の末に枯木を取りに村の山へ往《い》った。友だちの中に意地の悪い者があって、うそをついて皆は他の林へ往ってしまい、自分一人だけ村の白山神社の片脇の、堂ケ谷というところで木を拾っているとき、ふと見れば目の前のカナギ（くぬぎ）の樹にもたれて、大男の毛ずねがぬくと見えた。見上げると目の届かぬほどに背が高い。怖ろしいからすぐに引き返して、それからほど近い自分の家に戻り、背戸口に立って再び振り返って見ると、その大男はなおもとの場所に立ち、凄《すご》い眼をしてじっとこちらを見ていたので、その時になって正気を失ってしまったそうである。その堂ケ谷は宮からも人家からも、至って近い低い山であった。こんなところまで格別の用もないのに、稀《まれ》には山人が出向いて来て人を見ていたのである。神隠しの風説などの起こりやすかったゆえんである。

それから少なくとも我々に対して、常に敵意は持ってはいなかったという証拠もある。[29]小田《おだ》内通敏《うちみちとし》氏の示された次の一文は、何かの抄録らしいが元の書物は同氏も知らぬという。津軽での話である。

○

中村沢目蘆谷村と云ふは、岩木山の岼《ふもと》にして田畑も多からねば、炭を焼き薪を樵《こ》りて、活計の一助となす。此里に九助といふ者あり。常の如く斧を携へて山奥に入り、柴立《しばだち》を踏分け渓水《たにみず》を越え、二里ばかり躋《のぼ》りしが、寥廓《りょうかく》たる平地に出でたり。年頃此山中を経過すれども、未だ見たること無き処なれば、始めて道に迷ひたることを悟り、且は山の広大なることを思ひ、歎息してたゝずみしが、偶々あたりの谷陰に人語の聴えしまゝ、其声を知るべに谷を下りて打見やりたるに、身の長《たけ》七八尺ばかりの大男二人、岩根の苔《こけ》を摘み取る様子なり。背と腰には木葉を綴《つづ》りたるものを纏《まと》ひたり。横の方を振向きたる面構《つらがま》へは、色黒く眼円く鼻ひしげ蓬頭《ほうとう》にして鬚《ひげ》延びたり。其状貌《じょうぼう》の醜怪なるに、九助大に恐れを為し、是や兼て赤倉に住むと聞きしオホヒトならんと思ひ急ぎ遁《に》げんとせしが、過ちて石に蹶《つまず》き転び落ちて、却りて大人の傍に倒れたり。仰天し慴慄《しゅうりつ》して口は物言ふこと能はず、脚は立つこと能はず、唯手を合せて拝むばかり也。かの者等は何事か語り合ひしが、やがて九助を小脇にかゝへ、嶮岨《けんそ》巌窟《がんくつ》の嫌ひなく平地の如くに馳せ下り、一里余りも来たりと思ふ頃、其まゝ地上に引下して、忽ち形を隠し姿を見失ひぬ。九助は次第に心地《ここち》元に復し、始めて幻夢の覚《さ》めたる如く、首を挙げて四辺を見廻らすに、時は既に申《さる》の下りとおぼしく、太陽巒際《らんさい》に臨み返照長く横たはれり。其時同じ業の者、手に〳〵薪を負ひて樵路《しょうろ》を下り来るに逢ひ、顚末《てんまつ》を語り介抱せられて家に帰り着きたりしが、心中鬱屈《うっくつ》し顔色憔悴《しょうすい》して食も進まず、妻子等色々と保養を加え、五十余日にして漸く回復したりと也。

二四　骨折り仕事に山男を傭いし事

ただし山中においては、人は必ずしも山人を畏《おそ》れてはいなかった。時としてはその援助を期待する者さえあったのである。例の橘氏の『西遊記』にもよく似た記事があるが、別に『周遊奇談』という書物に、山男を頼んで木材を山の口へ運ばせたという話を載せている。どのくらいまでの誇張があるかは確かめ難いが、まるまる根のない噂とは考えられぬのである。

豊前中津領などの山奥では、材木の運搬を山男に委託することが多かった。もっとも彼ら往来の場処には限りがあるらしく、里までは決して出て来ない。いかなる険岨も牛のごとくのそりのそりと歩み、川が深ければ首まで水に入っても、水底を平地のようにあるいて来る。たけは六尺（約百八十センチ）以上の者もあって、力が至って強い。男は色が青黒く、大抵は肥えている。全身裸であって下帯すらもないが、毛が深いので男女のしるしは見えぬ。ただし女は時に姿を見せるのみで出て働こうとはしない。そうして何か木の葉木の皮ようの物を綴って着ている。歯は真白だが口の香がはなはだ臭いとまで言っている。労賃は握り飯だとある。材木一本に一個二本に二個。持ってみて二本一度に担げると思えば、一緒にして脇へ寄せる。約に背いて例えば二本に握り飯一つしか与えなかったりすると、非常に怒って永くその怨《うら》みを忘れない。愚直なる者だと述べている。

『西遊記』にいうところの薩摩方面の山わろなども、やはり握り飯を貰って欣然《きんぜん》として運送の労に服したが、もし仕事の前に少しでも与えると、これを食ってから逃げてしまう。また人の先に立って歩むことを非常に嫌う。つまりは米の飯が欲しいばかりに出て働くらしいので、時としては山奥の寺などに入って来て、食物を盗み食うことがある。ただし塩気のある物を好まぬと言っている。以上二種の記録は少しずつの異同があり、材料の出処の別々なることを示している。これ恐らくは信用すべき一致であろうと思う。

○

同じ『周遊奇談』の巻三には、また秋田県下の山男の話を記して、九州の例と比較がしてある。ただし著者自分で見たという点が安心ならぬ故に、特に原文のまま抄出しておく。

出羽国仙北より、水無《みずなし》銀山阿仁《あに》と云ふ処へ越ゆる近道、常陸内《ひだちない》と云ふ山にて、路を踏み迷ひ炭焼小屋に泊りし夜、山男を見たり。形は豊前のに同じけれども力量は知れず。木も炭も石も何にでも負ひもせず。唯折々其小屋へ食事などの時分を考へ来るとなり。飯などを握りて遣《つか》はせば悦《よろこ》びて持ち退く。人の見る処にては食せず。如何にも力は有りさう也。物は言はず。ただのさ〱立廻りあるくばかり也。尤も悪きことはせず。至つて正直なる由なり。此処にては山女は見ず。又其沙汰も無し。

○

山男はまた酒がすきで酒のために働くという話が、『桃山人夜話《とうさんじんやわ》』の巻三に出ている。

遠州秋葉の山奥などには、山男と云ふものありて折節《おりふし》出づることあり。杣山賤《そまやまがつ》の為に重荷を負ひ、助けて里近くまで来りては山中に戻る。家も無く従類眷属《けんぞく》とても無く、常に住む処更に知る者無し。賃銭を与ふれども取らず、只酒を好みて与ふれば悦びつゝ飲めり。物ごし更に分らざれば、唖《おし》を教ふる如くするに、其の覚《さと》り得ること至つて早し、始も知らず終も知らず、丈の高さ六尺より低きは無し。山気の化して人の形と成りたるなりと謂ふ説あり。昔同国の白倉村に、又蔵と云ふ者あり。家に病人ありて、医者を喚《よ》びに行くとて、谷に踏みはづして落ち入りけるが、樹の根にて足を痛め歩むこと能はず、谷の底に居たりしを、山男何処よりとも無く出で来りて又蔵を負ひ、屏風《びょうぶ》を立てたるが如き処を安々《やすやす》と登りて、医師の門口まで来りて掻き消すが如くに失《う》せたり。又蔵は嬉《うれ》しさの余りに之に謝せんとて竹筒《ささへ》に酒を入れてかの谷に至るに、山男二人まで出でゝ其の酒を飲み、大に悦びて去りしとぞ。此事古老の言ひ伝へて、今に彼地にては知る人多し（以上）。又蔵が医者の家を訪れることを知って、その門口まで送ってくれたという点だけが特に信用しにくいように思うけれども、酒を礼にしたら悦んだということはありそうな話であった。

二五　米の飯をむやみに欲しがる事

山人が飯を欲しがるという話ならば、他の諸国においてもしばしば耳にするところである。土屋小介君の前年知らせて下さった話は、東三河の豊川上流の山で、明治の始め頃に官林を払い下げて、林の中に小屋を掛けて伐木していた人が、ある日外の仕事を終わって小屋に戻ってみると、背の高い髭《ひげ》の長い一人の男が、内に入って自分の飯を食っていた。自分の顔を見ても一言の言葉も交えず、したたか食ってからついと出て往ってしまった。それから後も時折は来て食った。物は言わず、またその他には何の害もしなかったという。盗んだというよりも人の物だから食うべからずと考えていなかった様子であった。

次に鈴木牧之《ぼくし》の『北越雪譜《ほくえつせつぷ》』にある話は、南魚沼《うおぬま》郡の池谷村の娘、ただ一人で家に機《はた》を織っていると、猿のごとくにして顔赤からず頭の毛の長く垂れた大男が、のそりとやって来て家の内を覗《のぞ》いた。春の始めのまだ寒い頃で、腰に物を巻き付けて機にかかっていたために、怖ろしいけれども急に遁《に》げることが出来ず、まごまごとするうちに怪物は勝手元へまわり、竈《かまど》の傍に往って、しきりに飯櫃《めしびつ》を指さして欲しそうな顔をした。かねて聞いているともあるので、早速に飯を握って二つ三つ与えると、嬉しい顔をしてそれを持って去った。それから後も一人でいる時はおりおり来た。山中でもこれに出逢ったという人がその頃は時々あったが、一人でも同行者があると決して来なかったそうである。

また同国中魚沼郡十日町の竹助という人夫は、堀之内へ越える山中七里（約二十八キロメートル）の峠で、夏のある日の午後にこの物に行き逢うたことがある。白縮《しろちぢみ》の荷物を路ばたに卸《おろ》して、石に腰かけて弁当をつかっていると、やはりやって来たのが髪の長い眼の光る大男で、その髪の毛はなかば白かったという。石の上に置いた焼飯をしきりに指さすので、一つ投げてくれると悦んで食った。そうして頼みはせぬのにその荷物を背負って、池谷村の見えるあたりまで、送って来てくれたという話である。

〇

そこで改めて考えてみるべきは、山丈山姥《やまじょうやまうば》が山路に現れて、木樵山賤《きこりやまがつ》の負搬《ふばん》の労を助けたとか、時としては里にも出て来て、少しずつの用をしてくれたという古くからの言い伝えである。これには本来は報酬の予想があり、恐らくはそれが山人たちの経験であった。『想山著聞奇集《しょうざんちょもんきしゅう》』などに詳しく説いた美濃信濃の山々の狗賓餅《ぐひんもち》、あるいは御幣餅《ごへいもち》五兵衛餅とも称する串に刺した焼飯のごときも、今では山の神を祀る一方式のように考えているが、初めてこの食物を供えた人の心持ちは、やはりまたもっと現実的な、山男との妥協方法であったかも知れぬ。中仙道は美濃の鵜沼《うぬま》駅から北へ三里、武儀《むぎ》郡志津野という町で、村続きの林を伐ったときに、これは山というほどのところでもなく、ことに老木などの覆い繁ったものもない小松林の平山だから狗賓餅にも及ぶまいと思って、何の祭もせずに寄り合って伐り始めると、誰も彼もの斧の頭がいつの間にかなくなり、道具もことごとく紛失していた。これはいけないとその日は仕事を中止し、改めて狗賓餅をして山の神に御詫びをしたら、失せた道具がぼつぼつと出て来た。また同じ国苗木領の二つ森山では、文政七八年の頃木を伐り出す必要があって、十月七日に山入して御幣餅をこしらえたのはよいが、山の神に上げるのを忘れて、自分たちで皆食ってしまった。そうすると早速山が荒れ出して、その夜は例の天狗倒《てんぐだお》しといって、大木を伐り倒す音が盛んにした。この時も心付いて再び餅をこしらえて詫びたので、漸く無事に済んだと言っている。この地方では狗賓餅をするには定まった慣習があった。まず村中に沙汰をして老若男女山中に集まり、飯を普通よりはこわく炊《かし》ぎ、それを握って串に刺し、よく焼いてから味噌を付ける。その初穂を五六本、木の葉に載せて清いところに供えておき、それから一同が心のままに食うのである。はなはだうまい物だがこの餅をこしらえると、天狗が集まって来ると称して村内の家では一切焼かぬようにしていた。故に一名を山小屋餅、江戸近くの山方では、古風のままに粢《しとぎ》餅《もち》と呼んでいた。今日我々が宗教行為というものの中には、まだ動機の分明せぬ例が多い。

ことに山奥で天狗の悪戯《いたずら》などと怖れた災厄には、こういう人間味の豊かな解除手段もあったことを考えると、存外単純な理由がかえって忘却せられ、実験の漸く稀《まれ》になるにつれて、無用の雑説が解説を重苦しくした場合を、推測せざるを得ないのである。

◯

少なくとも焼飯の香気には、引き寄せられる者が山にはいた。食物を供えて悦ぶ者のあることを、里人の方でもよく知っていた。そうして双方が正直で信を守ることは、昔は別段の努力でも何でもなかった。従ってまず与えると働かずに遁《に》げてしまうというのを、あたかも当世の喰い遁げ同様に非難しようとしたならば誤っている。以前は山人は何の邪魔もしなければ御幣餅を貰うことが出来、またそれをくれぬ時にはあばれてもよかった。特に出て何らかの援助を試みたのは、言わば好意でありまた米の味に心酔した者の、やや積極的な行動でもあった。もし私たちの推測を許すならば、それはあるいは山人の帰化運動の進一歩であったのかも知れぬ。次の章に述べようとする飛驒のオオヒトの場合のごとく、人は単に偶然に世話になった場合にも、謝礼に握り飯を贈れば相手の喜ぶことを知り、相手はまた狸兎の類を捕って来て、これを答礼にして適当なりと考えたのも、やがては異種諸民族間の貿易の起原と同じかった。こうして段々に高地の住民が、次第に大日本の貫籍《かんじやく》に編入せられて行ったことは、自他のために大なる幸福であった。

◯

越後南魚沼の山男が、猿に似て顔赤からずと伝えられるのは、一言の註脚を必要とする。これは単に猿ほどには赤くなかったというまでであったらしく、普通はこれと反対に顔の色が赤かったという例が少なくない。顔ばかりか肌膚全体が赤かったという噂さえ残っている。近世の蝦夷地《えぞち》に、いわゆるフレシャム（赤人）の警《いましめ》を伝えた時、多くの東北人にはそれが意外とも響かなかったのは、古来の悪路王《あくろおう》や大竹丸の同類に、赤頭太郎《あかがしら》などと称して赤い大人《おおひと》が、沢山に来たという話を信じていたからである。それが独り奥羽に限られなかった証拠は、例えば弘仁七年の六月に弘法大師が、初めて高野の霊地を発見した時にも、嚮導《きょうどう》をしたという山中の異人は、面赤くして長八尺《たけ》（約二百四十センチ）ばかり、青き色の小袖を着たりと、『今昔物語』には記している。眼の迷いとしても現代になるまで、大人は普通は赤い者のように、世間では考えていた。もっとも豊前中津領の山ワロのように、男は色青黒しという異例も伝えるが、こちらには比較すべき傍証が多くない。また赤頭というのは髪の毛の色で、それが特に目についた場合もあろうが、顔の色の赤いというのもそれ以上に多かったのである。あるいは平地人との遭遇の際に、興奮して赤くなったのかということも一考せねばならぬが、事実は肌膚の色に別段の光があって、身長の異常と共に、それが一つの畏怖《いふ》の種らしかった。地下の枯骨ばかりから古代人を想定しようとする人々に、是非とも知らせておきたい山人の特質である。

二六　山男が町に出で来たりし事

　これを要するに山にこういう人たちのいるということは、我々の祖先にとっては問題でもまた意外でもなかった。ただ豊前薩摩の材木業者以上に、意識して彼らと規則立った交通をする折が乏しかったために、例えば禁止時代の切支丹破天連《キリシタンバテレン》に対するごとく、はなはだ精確ならざる風評と誇張とが、付いて廻ったのを遺憾とするばかりである。いわゆるヤマワロ（山童）の非常に力強かったこと、これは全く事実であったろうと認める。そうして怒ると何をするかわからぬというのも、また根拠ある推測であった。なおまた彼らが驚くべく足が達者だといったのも、通例平地の人々と接することを好まぬ以上は、急いで林木の茂みの中に、避け隠れたとすれば不思議はない。野獣を捕って食物としていれば、そのためには女でも足が速くなければならない。不思議はむしろ何かという場合に、かえって我々に近づこうとする態度の、明瞭に現れていたことである。しかもしばしば不幸なる誤解があって、人がその真意を酌《く》むことを得ない場合がいかにも多かった。

『東武談叢《とうぶだんそう》』その他の聞書にも見えているのは、慶長十四年の四月四日、駿府《すんぷ》城内の御殿の庭に、弊衣を着し乱髪にして青蛙《あおがえる》を食う男、何方《いずかた》よりともなく現れ来る。住所を問うに答なく、ただ手をもって天を指ざしたのは、天から来たとでもいうことかと言った。家康は左右の者がこれを殺さんとするのを制止し、城外に放さしめたるに、たちまちその行方を知らずとある。この怪人は四肢に指がなかったともあるが、天を指したというからは、はなはだ信じ難い事であった。それからまた三十年あまり、寛永十九年の春であった。土佐では豊永郷の山奥から、山みこと称する者を高知の城内へつれて来た。年六十ばかりに見える肉付きの逞《たくま》しい大男で、一言も物いわず、食を与うれば何でも食った。二三日の間留めておいて後に元の山地へ放ち返したと、当時のいくつかの記録に載せてある。いずれも多くの人が共に見たのだから、まぼろしとは認め難い話である。ことに「山みこ」という語が、すでにあの時代の土佐にあったとすれば、必ずしも稀有《けう》の例ではなかった。ミコはどう考えても神に仕える人のことで、天狗と同じく彼らを山神の使者、もしくは代表者のごとく見る考えが、吉野川上流の村にはあったことを想像せしめる。

この前後は土着開発に急なる平和時代で、その結果は山と平地との間に、人知らぬ攪乱《こうらん》があったかと思われ、山人出現の事例が沢山に報ぜられている。尾州名古屋というような繁昌の土地にも、なおいずこからか異人がやって来て捕えられたと言っている。太い綱で縛っておいたにもかかわらず、夜の間に逃げてしまい、しかも何らの報復をもしては行かなかった。仙人などと違って存外に智慮もなく、里近くをうろうろしていたのを見ると、やはり食物か配偶者か、何か切に求むるものがあったためで、半ばはその無意識の衝動から、浮世の風に当たることにはなったのである。ことにそのある者が日向や越後の例のご

かったのである。とく、白髪であったと聴くに至っては、悠々《ゆうゆう》たるかも人生の苦、彼らはたこれを免れ得な

○

名古屋で異人を捕えたという話は、『視聴実記《しちょうじっき》』巻六に出ている。年代は知れぬが江戸の初期であろう。本文のままを次に抄録する。

飯沼林右衛門は広井に住す。夜話の帰りに僕《しもべ》の云ふには、南の路より御帰になさるべし。それは道遠し。何故にさは云ふかと叱《しつ》すれば、御迎に来るとき、東光寺の壁の下に、小坊主の一人立ちて在るを見しが、一目見て甚だ戦慄《せんりつ》せし故に、かく申す也と答ふ。林右衛門笑ひながら、さあらばいよ〳〵行きて見るべしとて行くに、果して十二三ばかりの小僧あり。物を尋ぬれども答へず。之を捉へ引立てんとするに、甚だ力強し。されど林右衛門も強力なれば、漸くに之を引立て、程近ければ我家に連れ帰り、打擲《ちょうちゃく》をすれども曾て物を言はず、且つ杖の下痛める体も無く、何とも仕方無ければ、夜明けて再び糾明《きゅうめい》すべしとて、厩《うまや》に強く縛り付け置きしに、朝になりて見れば、何処へ行きけん其影も見えざりき。或は云ふ打擲の間に只一声、あいつと云ひし故、其頃世間にては之を「あいつ小僧」と謂ひたりとなん。

○

山男が市に通うということは、前の五葉山の猟人の話にもあったが、これまた諸処に風

説するところである。津村正恭[30]の『譚海《たんかい》』巻十一に、

相州箱根に山男と云ふものあり。裸体にて木葉樹皮を衣とし、深山の中に住みて魚を捕ることを業とす。市の立つ日を知りて、之を里に持来りて米に換ふる也。人馴れて怪しむこと無し。交易の外多言せず。用事終れば去る。其跡を追ひて行く方を知らんとせし人ありけれども、絶壁の路も無き処を、鳥の飛ぶ如くに去る故、終に住所を知ること能はずと謂へり。小田原の城主よりも、人に害を作す者に非ざれば、必ず鉄砲などにて打つことなかれと制せらるゝ故に、敢て驚かさずと云ふ。

こうあるけれどももちろん噂話で、必ずしも小田原の御城下まで、この連中がうろうろしていたことを意味するのではあるまい。第一に川魚はこの海辺では交易にもならず、木の葉を着ていたら、何ぼでも人馴れて怪しまずとは行くまい。ただこの人中にも一人や二人はいるかも知れぬという程度に、輿論《よろん》が彼らを尋常視していたことは窺《うかが》われる。岩手県海岸の大槌《おおつち》の町などでも、市の日に言葉の訛《なま》りの近在の者でない男が、毎度出て来て米を買って行った。背は高く眼は円くして黒く光っていた。町の人が山男だろうと言ったそうである。しかしこれから奥地の山々には、今でも随分と遠国から、炭竈《すみがま》に入って永く稼いでいる者が多い。言語風采の普通でないばかりに、一括してこれを山人に算入するのは人類学でない。ただ市という者の本来の成り立ちが、名を知らぬ人々と物を言う点において、農民にとっては珍しい刺戟であった故に、例えばエビスというがごとき神をさえ祀り、こ

こに信仰の新しい様式を成長せしめたのである。信州南安曇《あずみ》では新田の市、北安曇では千国の市などに、暮れの市日に限って山姥が買物に出るという話があった。山姥が出ると人が散り、市が終わりになるとも言ったが、一方には山姥が支払いに用いた銭には、特別の福分があるようにも信じられた。漸く利欲というものを実習した市人が、いかに注意深くただの在所の婆様たちを物色していたかは、想像してみても面白い。そのためでもあろうか今も昔話の一つに、山姥が三合（約〇・五四リットル）ほどの徳利を携えて、五升（約九リットル）の酒を買いに来たというのがある。笑った者は罰せられ、素直に言う通りに量ってやると、果たして際限もなく入ったといい、またはこれにあやかって金持ちになったともいう。つまりは俵藤太《たわらとうだ》の取れども尽きぬ宝などと、系統を同じくした歴史的空想である。

筑前甘木《あまぎ》の町の乙子《おとご》市《いち》、すなわち十二月最終の市日にも、山姥が出るという話が古くからあった。正徳四年に成る『山姥帷子記《やまんばかたびらき》』という文に、天正のころ下見村の富人大納言なる者の下僕、木棉綿を袋に入れてこの日の市に売りに出で、途中に仮睡して市の間に合わなかった。眼が覚めてみると袋の綿はすでになく、その代わりに一枚の帷子が入っていた。地麁《あら》くして青黄黒白の段染《だんぞめ》であった。これも山姥の物と認められて、宝物として二百年を伝えたという話を書き留めている。

○

それからこのついでではないともう他に言う折はないが、絵かきたちだけの今でも遊んでいる空想境に、天狗の酒買い狸の酒買いなどという出来事がある。白鳥の徳利や樽に通い帳を添えて、下げて飛んでいる場面は後世風だが、よって来たるところははなはだ久しいようである。自分は別に今日の酒樽の原型として、瓢《ひさご》の盛んに用いられた時代を推測し、許由《きよゆう》以来の支那の隠君子らが、駒を出したり自分を吸い込ませたり終始この単純なる器具を伴侶としているのには、何か民俗上の理由があるらしいことを、考えてみようとしているのであるが、それは広大なる未解の課題だとしても、少なくとも山の人の生活に、この類のわずかな用具が非常なる便益であり、従って身を離さずに大切にしているのを見て、我々の祖先までがこれを重んじ、何か神怪の力でも具《そな》うるかのごとく、惚れ込み欲しがり、貰えば宝物にしようとしたことだけは、説かずにはいられぬような感じがする。『落穂余《おちぼよ》談《だん》』という書の巻二に、駿河の山に大なる男あり。折々は見る者もあり。鹿猿などを食する由なり。久世太郎右衛門殿物語りに、前方此男出でけるに、腰に何やらん付けて居る故、或者近く寄りてそれを取り、還りて見れば高麗《こうらい》の茶碗なり。今に其子の方に持伝へて居ける由。丙寅《へいいん》八月、宇右衛門殿物語り。甚兵衛殿も聞及ぶの由、同坐にて語るとある。これなどは山姥から、褒美《ほうび》に貰ったというのと反して、手もなく山男から掠奪《りやくだつ》したのであるが、最初どうしてこの様な品を、彼らが拾い取りまたこれを大事にしていたかを考えると、小説家でない我々にも、いろいろな珍しい光景が空想せられる。例えば盗賊が始末に困って、山中に隠しておいたとか、大百姓の家が退転して、荒屋敷になっているところへ、のそのそと来かかった山男が、光るから手に取り上げて嗅《か》いだり嘗《な》めたりしていたとしたら、彼らの排外的なる社会にまでも、浸み入らずにはおかなかった異種文明の勢力の大きさの、想像に絶したものがあることが考えられる。

かつて旧知の鈴木鼓村[31]君から、またこんな話を聴いたこともある。鈴木君は磐城《いわき》亘理《わたり》郡小鼓《こつづみ》村の旧家の出で、それで号を鼓村と言っているが、今から百二十年ほど前の鈴木君の家へ、おりおり貰いに来る老人があった。人と物を言わず、物をやると口の中で唱え言をするが、何を言うのか少しも聴き取れない。飯は両手に受けて副《そ》え物もなしに、髯《ひげ》だらけの顔をよごして食う。酒は大好きで、常に一斗二、三升（約二十二〜二十四リットル）も入るかと思う大瓢簞《ひょうたん》を携え来たり、それに入れてやるとすぐに持って帰る。衣類は着けているが、地合《じあい》も縞目《しまめ》も見えぬほど汚れていた。生の貝を貰って、石の上で砕いて食ったと言って、人は戯れにこれをアサリ仙人と呼んでいた。いずこに住む者とも知れず、七日も十日も連日来るかと思えば、二月《ふたつき》も三月も絶えて来ぬこともあった。帰る際にその跡をつけた者があったが、山に入ると急に足早になり、たちまちにその影を見失った。小鼓は阿《あ》武隈《ぶくま》の川口であって、山は低いけれども峰は遠く連なっている。このアサリ仙人はある日の朝、鈴木氏の玄関の柱にその大瓢簞をくくり付けておいて、それっきり永久にやって来なくなった。この話には誤伝がないともいえぬが、瓢簞だけは最近に至るまで、この家の宝物の一つであった。口は黄金ですこぶる名瓢であったという。

仙人を見縊《みく》びるのは本意ではないが、これくらいの仙人ならば、まだ山男にも勤まると思う。ただ鈴木氏の永年の恩誼《おんぎ》は厚かったにしても、最後に人知れずその瓢をくり付けて去ったという一点だけが、彼らの到底企て得まいと思うロマンチックであった。この地方の山人が里に親しみ、山で木小屋の労働者を驚かすに止まらず、往々村人の家を訪ねて酒食を求め、村人もまたこれを尊敬していたことは、次のオオヒトの条下に確からしい一例を掲げる。そうするとこれもまた同化帰順の一段階であって、瓢箪のごときも実はあまりに大きいので、何か手頃の容器とただそっと取り替えて往ったのかとも考えられる。

二七　山人の通路の事

今日のいわゆるアルプス連などは、どういう風にしているか知らぬが、猟師木挽らのごとく度々山奥に野宿せねばならぬ人々は、久しい経験から地形によって、不思議の多かりそうな場処を知って力《つと》めてこれを避けていた。おりおりこれは聴く話であるが、深山の谷で奥の行き止まりになっているところは無事であるが、嶺が開けて背面の方へ通じている沢は、夜中に必ず怪事がある。素人は魔所などといえば、往来不可能の谷底のように考えるけれども、事実はかえって正反対であるという。あるいはまた山の高みの草茅《くさかや》の茂みの中に、幽《かす》かに路らしいものの痕跡《こんせき》を見ることがあると、老功な山稼人は避けて小屋を掛けなかった。すなわち山男山女の通路の衝《しょう》なることを知るからである。国道県道という類の立派な往還でも、それより他に越える路のないところでは、夜更けて別種の旅人の、どやどやと過ぎ行く足音を聴いた。峠の一つ屋などに住む者は、往々にしてそんな話をする。もちろんある場合には耳の迷いということもあり得るが、山人とても他に妨げさえなくば、向こうの見通される広路を行く方を、便利としたに相異ないのである。

百五十年ほど前に三州豊橋の町で、深夜に素裸ではだしの大男が、東海道を東に向って走るのを見た者がある。非常な速足で朝日の揚がる頃には、もう浜名湖の向うまで往っていた。水中に飛込んで魚を捕え、生のままで食っているのを見て始めて怪物なることを知ったと、『中古著聞集』という豊橋人の著書には書いてある。彼らに出逢ったという多くの記事には、偶然であった場合に限って、彼らの顔にもやはり驚駭《きょうがい》の色を認めたと言っている。畏怖も嫌忌も恐らくは我々以上であって、従って必要のない時には大抵繁み隠れなどから、注意深く平地人の行動を、窺っていたのであろうと想像する。

○

菅江真澄《すがえますみ》の『遊覧記』三十二巻の下、北秋田郡の黒滝の山中で路に迷った条に、やや山頂とおぼしき処に、横たはる路のかたばかり見えたるに、こは路ありあな嬉《うれ》しと言へば、案内の者笑ひて、いづこの嶺にも山鬼《さんき》の路とて、嶺の通路はありけるもの也。此道を行かば又何処とも無く路迷ひなんとて、尚峰に登る云々とあった。故伊能嘉矩《いのうかのり》氏の言には、陸中遠野地方でも山の頂の草原の間に、路らしいものの痕跡《こんせき》あるところは、山男の往来に当たっていると称して、露宿の人がこれを避けるのが普通だったとの話である。阪本天山翁宝暦六年の『木曾駒ヶ岳後一覧記』に、前岳の五六分目、はい松の中に一夜を明かす。ここに止宿のことは村役人人足までも不承知にて、かれこれと申すにつきその趣旨を尋ねて見ると、すべてかようの山尾根先は天狗の通路であって、樵夫《しょうふ》の輩《やから》一切夜分はおらぬことにしていると述べた。然らば村方の者共は、山の平に廻って止宿せよと申聞け、自分だけその場に止宿したと記している。紀州熊野でも山中に小屋を掛ける人たち、谷の奥が行き抜けになって向こう側へ越え得る場所はこれを避け、奥の切り立って行き詰まりになった地形を選定するのを常とした。その理由は行き抜けの出来る谷合は、通り物の路に当たっているからだと、南方熊楠氏に告げた者があるそうだ。

そうかと思うと一方には、人が開いた新道を、どしどし彼らが利用している場合もあるらしい。秋田から仙北郡の刈和野《かりわの》へ越える何とか峠には、頂上に一軒家の茶店があった。秋田の丹生氏がかつてこの家に休んだ時、わたしらももうどこかへ引っ越したいと、茶屋の主が言うので、如何いうわけかと訊ねてみると、実は夜分になると、毎度のように山男が家の前を通る。太平山《たいへいさん》から目々木《めめき》の方へ越えて行くらしく、大きな声で話をしてどやどやと通ることがある。この峠は疑いなく山鬼の路らしいから、永くはいられませぬと答えたそうである。遠野でも町から北へ一里ばかり入って、柏崎の松山の下を曲がる辺に、路が丁字に会してその辻に大きな山神石塔を立ててある。近い年ある人が通行していると、山から下りて来る足音がするのを、何の気なしに出逢うて見たところが、赤い背の高い眼の怖ろしい、真裸の山の神であった。はっと思うなり飛び退《の》いてしまって、自身はそこに気絶して倒れた。石塔はすなわちその記念のためであった。『遠野物語』にもその話は筆録しておいたがかなり鋭敏な鼻と耳との感覚を持ち、また巧みに人を避けるらしい山人にも、なお人間らしき不注意と不意打ちとはあったのである。第一昼間人間の作っておく路などを、降りて来たのは気楽過ぎていた。

○

山鬼《さんき》という語は安芸《あき》の厳島《いつくしま》などでは、久しく天狗護法の別名のごとく考えられている。あるいは三鬼とも書いてその数が三人と解する者もあったらしい。御山《みせん》の神聖を守護して不浄の凡俗のこれに近づくを戒め、しばしば奇異を示して不信者の所業を前もって慎ましめようとしていた。最も普通の不思議は廻廊の板縁《いたべり》の上に、偉大なる足跡を印して衆人に見せることである。あるいは雪の朝に思いがけぬ社の屋の上などにこれを見ることもあった。その次は他の地方で天狗笑いまた天狗倒しともいうもので、山中茂林の中に異常の物音を発し、あるいはまた意味不明なる人の声がすることもあった。これを聴いて畏《おそ》れおののかぬ者のなかったはもっともである。秋田方面の山鬼ももとは山中の異人の汎称《はんしょう》であったらしいのが、後には太平山上に常住する者のみをそういうことになり、ついには三吉《さんきち》大権現とも書いて、儼然《げんぜん》として今はすでに神である。しかも佐竹家が卒先して夙《つと》にこれを崇敬した動機は、すぐれた神通力という中《うち》にも、特に早道早飛脚で、しばしば江戸と領地との間に吉凶を報じた奇瑞《きずい》からであった。従って沿道の各地でも今なお三吉様が道中姿で、その辺を通っていることがあるように考え、ことにその点を畏敬したのであった。神を拝む者は是非ともその神の御名を知らなければならぬというのは、随分古くからの多くの民族の習性であった。天狗がいよいよ超世間のものと決定してから、太郎坊三尺坊等の名が初めて現れたことは、従来人の注意せざるところであった。どういう原因でそんな名前が始まったかを考えてみたら、また多くの新たなる答えが出て来ることであろう。

二八　三尺ばかりの大草履の事

また山男の草履《ぞうり》を見たという話がある。夏冬を打ち通してろくな衣裳も引っ掛けていなかった者に、履物《はきもの》の沙汰《さた》もちとおかしいとは思うが、妙にその噂が東部日本の方には拡がっている。信州木曾辺はことにこれを説く者が多い。出羽の荘内の山中でも杣人《そまびと》がこれを拾って来て、小屋の入口の柱に吊《つる》しておくと、夜のうちに持って還ったか、見えなくなったなどと言っている。上州の妙義榛名《みょうぎはるな》でも猟師木樵の徒、山中でこの物を見るときは畏れてこれを避けたと、『越人関弓録《えつじんかんきゅうろく》』という書には説いてある。

その草履の大きさは三四尺、これを山丈の鞋《わらじ》と称すとある。『四隣譚叢《しりんだんそう》』などによれば、信州は千隈《ちくま》川の水源川上村付近の山地においても、山姥の沓《くつ》の話を信じている。藤蔓を曲げ樹の皮をもって織ってあるなどと、なかなか手の込んだもののように言い伝えているのである。大きいといえばすぐに長《たけ》三尺（約九十センチ）の四尺（約百二十センチ）のと、書かなければ承知せぬが、仮にこれに相応するような大足の持ち主があるにしても、そんな物を履いて山の中があるけたものでない。我々風情の草履ですらも、野山を盛んに飛び廻っていた時代には、アシナカ（足半）と称するものを用い、または単に縄で足の一部分を縛って、大抵は足一杯の草履は履かなかった。すなわち足趾《そくし》の付け根の一番力の入る部分を、保護するだけをもって満足したのであった。

ただしこの類の話などは、誇張妄誕と言わんよりも、むしろ幻覚であったかと思う。見たかと思ったらすぐになくなっていたという様なもので、確かな出来事ではなかったかと思う。いろいろ製法や材料配合の話はあっても、なおどこかで採集して来て博物館にでも陳列せられぬ限り、自分たちはこれをもって一種の昔話としておきたいのである。もちろん話にしたところで根原がなければならぬ。作って偽りを説く者はあっても、そう皆が信ずるはずはないからである。ただ話ならば少しずつ成長して行くことはあるかも知れぬ。陸中二戸《にのへ》郡の浄法寺村などで、深山に木を伐る者の発見したというのは、例のマダの樹の皮で作った大草履で、その原料のマダの皮が、およそ馬七頭に付けて戻るくらいの分量であったと話している。面白いといって聴くのはよいが、全体に今ではもう話になり過ぎている。それというのが風説のみ次第に高く、実際に見た出逢ったという人の例が、段々少なくなって行く結果である。

○

山丈山姥の鞋という話は、我々の持っていた沓掛《くつかけ》の習俗、すなわち浅草仁王門の格子の木に、むやみな大わらんじの片足をぶら下げた行為などと、比較して考えてみるべきものかと思う。現在各地の街道筋に、沓掛という地名のあるところには、通例は道の神の森または老樹があって、通行の人馬の古沓などが引っ掛けてある。あるいは下から高く投げ上げて占いをしたという地方もあり、または支那で言う鮑魚神《ほうぎょしん》同然にその草鞋の喬木の梢にあるを異として、神に祀《まつ》った話もある。霊山の麓などでは山の土を遠く持ち出すことを、山神悪《にく》みたまうという信仰もあって、必ず登山の鞋を脱いで行く場処もあるのだが、別に神々に新たなるものを製して、献上する例も弘く行われていた。山の神は一本足だと称して、大きな片足だけを供える。竈《かまど》の神は馬でありもしくは馬に乗って来るというので、新しい馬の沓を上げていた根原は、恐らく絵馬なども同様に、これを召しておわしませ、これを召して立たせたまえと、神昇降の時刻を暗示する趣旨かと思うが、もちろん信仰は段々に変化している。ことに路の傍や辻境《つじざかい》などに、偉大な履物を作って置いた動機には、明白に魔よけの意味が籠《こも》っていた。いつの世から始まったことか知らぬが、こんな大きな草履を用いる者が、この村にはいるから馬鹿にしてはいけないということを、勝手を知らぬ外来者、すなわち鬼や疫病神に知らしめるために、一種の示威運動としてこうするように、解釈している者も少なくはないのである。敵に対しては詐術《さじゅつ》も正道と、つい近頃まで我々も信じていた。そうかと思うと海南の小島においては、潮に漂うて海の外から、そんな大草履が流れて来たと言って、畏れ慎んでいた話もあった。こちらが多分一つ前の俗信で、つまりは己の心に欲せざるところを、人に向かって逆用しようとしたものであるらしいのだ。

○

だから第二の仮定説としては、山人の大草履も自分のためには必要でないが、世人を畏《い》嚇《かく》する目的でわざわざこれを作り、なるべく見られやすいところに置いたものとも考えられぬことはない。しかしその様な気の利いた才覚は、ついぞ彼らの挙動から見出したことがないから、今ではまだそれまで買い被《かぶ》ることが出来ないのである。もっとも深山の奥に僅少《きんしょう》の平和を楽しむ者が、いや猟人だの岩魚《いわな》釣りだの、材木屋だの鉱山師だの、また用もない山登りだのと、毎々来て邪魔をすることは鬱陶しいには相違ない。やめて欲しいと思っていることは、こちらからでも想像することが出来た。そこに単独の約束が起こり法則が生じて、後漸く宗教の形になっていくことは、いずれの民族でも変わりはなかった。しかも冷淡なる第三者の目をもって判ずれば、そは単に一方だけの自問自答であって、果してこちらの譲歩が先方の満足と相当たったか否かは、確かめたわけではないのである。深山の中でも特に不思議の多い部分を我々は魔所または霊地と名づけてあえて侵さなかった。それが自然に原住土人にとっての一種のレザーブとなったことは、原因とも結果ともどちらとでも解せられる。いわゆる入らず山に強《し》いて入った者の、主観的なる制裁は多様であった。最も惨酷《ざんこく》なるものは空へ引き上げて、二つに割いて投げ下すと言った。あるいは何とも知れぬ原因で、躓《つまず》いたり落ちたりして傷つきまたは死んだ。永遠に隠されてしまって、親兄弟を歎かしめることもある。およそ尋常邑里《ゆうり》の生存において、予知すべからざる危難はことごとく、自ら責め深く慎むべき理由としてこれを認めたのが山民の信仰であった。

それ以外にも予告警戒のごときものはいくらもあった。天狗の礫《つぶて》と称して人のおらぬ方面から、ぱらぱらと大小の石の飛んで来て、夜は山小屋の屋根や壁を打つことがあった。こんな場合には山人が我々の来住を好まぬものと解して、早速に引き上げて来る者が多かった。これればかりは猿さえもするから、あるいは山人の真の意趣に出たものと考えてもよいが、それがいつでも合図に近くして、かつてこれによって傷ついたという者を知らず、石打ちの奇怪事は都邑《とゆう》の中にも往々にして起こり、別にある種の隠れた原因があるらしいから、まだ何とも断定は出来ない。それから足音や笑い声の類は、偶然にこれを聴いた者がおじ恐れたというだけで、もとよりその様な計画のあったことを、立証することは容易でない。ことに最も有名なる天狗倒しの音響に至っては、果たして作者が彼らであったかということさえ、なお疑わなければならぬのであった。あるいは狸の悪戯《いたずら》などという地方もあるが、本来跡方もない耳の迷いだから、誰の所業と尋ねてみようがない。深夜人定まってから前の山などで、大きな岩を突き落とす地響きがしたり、またはカキンカキンと斧《おの》の音が続いて、やがてワリワリワリワリバサアンと、さも大木を伐り倒すような音がする。夜が明けてからその付近を改めて見ると、一枚の草の葉すら乱れてはいなかった、などというのが最も普通の話で、こういう出来事があまり毎度繰り返されると、山が荒れると称して人が不安を感じ始め、ついにはその谷を「よくないところ」の一つに算《かぞ》えて、避けて入らぬようにもなるのである。しかし多勢が一度に聴いても幻覚はやはり幻覚である。あるいは同じ物音を共に聴いたと思っても、甲の暗示が乙を誘い、また丙の感じを確かにしたのかも知れぬ。東京あたりの町中でも深夜の太鼓馬鹿囃子《ばかばやし》、あるいは広島などでいうバタバタの怪、初めて鉄道の通じた土地で、汽笛汽鑵車《きかんしや》の響きを狐狸が真似するというの類、およそ異常に強烈な印象を与えたものが、時過ぎて再びまぼろしに浮かぶ例は、実は他にも数限りがないので、たまたま山の生活と交渉のある場合ばかり、これを目に見えぬ山の人の神通に托するがごときは、むしろ我々の想像の力の致すところであったかも知れぬ。

ただしこれをも我々の実験の中に算えて、見た出逢ったというのと同じ程度の、信用を博している物語は多いのである。少なくともその二三の例は、後の研究者のために残しておく必要があると思う。

◯

『白河風土記』巻四に、鶴生《つりふ》（福島県西白河郡西郷村大字）の奥なる高助と云う所の山にては、炭竈《すみがま》に宿する者、時としては鬼魅《きみ》の怪を聴くことあり。其怪を伐木坊《きりきぼう》又は小豆磨《あずきとぎ》と謂う。伐木坊は夜半に斧伐《ふばつ》の声ありて顛木《てんぼく》の響を為す。明くる日其処を見るに何の痕《あと》も無し。小豆磨は炭小屋に近づきて、中夜に小豆を磨する音を為す。其声サクサクと云う。出でて見るに物無し。よりて名づくといえり。

『笈埃随筆《きゅうあいずいひつ》』巻一に、途中にて石を撃たるゝこと、土民は天狗の道筋に行きかゝりたるなりと謂ふ。何れの山にても山神の森とて、大木二三本四五本も茂り覆ひたる如くなる所は其道なりと知ると言へり。佐伯了仙と云ふ人、豊後杵築《きづき》の産なり今は京に住めり。此人の云ふ。国に在りし時、雉子《きじ》を打ちに夜込《よごみ》に出でたり。友二三人と共に鳥銃を携へて山道にかゝりしに、左右より石を投げたり。既に当りぬべく覚えて大に驚きたる中に、よく心得たる者押静め、先づ下に座せしめて言を交へずしてある程に、大石の頭上に飛びちがふばかりにて其響夥しかりしが、暫くして止みければ立上りて行きける。其友の謂ふやう、此は天狗礫《てんぐつぶて》と云ふものなり。曾て中《あた》るものには非ず。若し中れば必ず病むなり。又此事に遭《あ》へる時は必ず猟無し。今夜は帰るには道遠ければ是非なく行くなりと曰《い》ふ。果して其朝は一も獲物無くして帰りたりといへり。

『今斉諧』巻二に、加賀金沢の士篠原庄兵衛、或時深山に入り、人跡絶えたる谷川の岸を行きしに、水辺には蘆《あし》すき間も無く茂りたるが、其あなたに水を隔て丶、人のあまた対座して談笑する声聞ゆ。篠原之を怪しみ、自ら行きて見んとすれど水に遮られて渡ることを得ず。連れたる犬にけしかけたれど亦行かず。因つて其犬の四足を捉へ、力を極めて之を蘆原の彼方へ投げたるに、向ふよりも直ちに之を投げ返す。之を見て畏《おそれ》を抱き家に帰る。犬には薬など飲ませたれど、終に死したり。

『北越奇談』に、神田邑に鬼新左衛門と云ふ者あり。殺生《せつしよう》を好む。村の十余町奥なる山神社の下の渓流に水鳥多し。里人は相戒めて之を捕りに行くことなかりしを此男一人雪の中を行き、もち縄を流して鳥を取ること甚だ多し。一夜又行きしも少しも獲物無きことあり。暁に及び、何者とも知れず氷りたる雪の上を歩む音あり。新左衛門小屋の中より之を窺ふに、長《たけ》一丈余りの男髪は垂れて眼を蔽《おお》へり。新左衛門のすくみ居たるを、小屋の外より箕《み》の如き手を出して攫《つか》み上げ、遥かに投げ飛ばしたりと思えば気絶す。翌朝女房より村長に訴へて谷々を捜せしに、谷二つ隔て丶北の方に新左の雪中に倒れたるを見付けたり。其後生き返り殺生は止めたれど、三年ばかりにして死したりと云ふ。深山の奇測り難し。

次も同じく越後のことであるが、これは会津八一《あいづやいち》[32]氏の話を聴いたのである。妙高山の谷には硫黄《いおう》の多く産するところがあるが、天狗の所有なりとして近頃までも採りに行く者はなかった。ところが先年中頸城《なかくびき》郡板倉村大字横町の何右衛門とかいう者、これに眼を着けて十数名の人夫を引率し、この山に入って谷間に小屋を掛け、日中は硫黄を採取し夜はこの小屋に集まって寝た。ある夜深更に容易ならぬ物音がして、小屋も倒れんばかりに震動したので、何右衛門を始め人夫一同も眼をさまし、まず寒いから火を焚こうとしていると、戸口の方から顔は赤く白い衣物で背の高い人が入って来た。皆の者は怖ろしさに片隅に押しかたまり、蒲団《ふとん》を被って様子を伺っていると、かの者はずかずかと板の間に上って来たようであったが、その後のことはわからず。夜の明けるのを待ってみれば、かの何右衛門だけは首を後向きに捻《ね》じ切られて、つめたくなっていたという。今でもこの谷に入ってもし硫黄の一片でも拾おうとする者があれば、必ず峰の上から大声で、そこ取んなアとどなる者があると言い、また首を捻じられるからと少しでも侵す者はないそうだ。またこの辺の村に往って、天狗などはこの世にないものだとでも言おうものなら、必ずこの何右衛門の話を聞かされる。この時の人夫の一人に、近い頃まで生きていたのがあって、その老人から直接にこの話を聴いた者は幾人もあったのである。

二九　巨人の足跡を崇敬せし事

山人の丈の高いということは、古くからの話であったとみえて、オオヒトという別名も久しく行われていた。これもオオヒトと言うからには、ちっとやそっとでは承知が出来ず、見上げるような高い樹の幹に、皮を剝《む》いた痕《あと》があったとか、五六尺（約百五十〜百八十センチ）もある萱原《かやはら》に、腰から下だけが隠れていたとか、または山小屋を跨《また》いでゆさぶったとか、いろいろな珍しい話を伝えているかと思うと、一方には我々と大抵同じくらいの、やや頑丈なる体格であったと言い、六尺より低いのは見たことがないという類の、穏健なる記録もまたいくらもあったので、きのこか何かででもない以上は、その様な大小不揃《ふぞろ》いの物があるわけはないから、すなわちこれもまた聞きの場合の掛値であったことを、想像し得られるのである。

あるいは雨後の泥の上や、雪中に印した足跡を見て、その偉大なのに驚いたとも伝えられる。中にはあんまりえらい大股であるくのを、やはり大昔から人が想像している通り、一本足で飛びまわるのが真《まこと》らしいと考えていた人さえあった。それらの観察の精確を欠いていることは、論のない話であるが、もともと大きいが故にこれを山男の足跡だろうと言った人があるとすれば、すなわち迷信の原因は別にすでにあったものと認めなければならぬ。

しかも日本は古くから、足跡崇敬の国であった。神明仏菩薩《しんめいぶつぼさつ》勇士高僧の多くが岩石などの上に不朽の跡を遺《のこ》して、永く追慕を受けている国であった。言わば山人思想の宗教化ということには、まさしく先蹤《せんしょう》があったのである。我々平民の祖先は、国土平定というごとき記念すべき大事業を、大古の巨神の功績に帰していたのみならず、諸国の地方神に随従して神徳を宣伝したという眷属《けんぞく》の小神にも、また大人の名を付与してその遺跡と口碑とを保存し、更にオオヒトが山にいる異種人の別名なることを知った場合でも、なお単なる畏怖の念以上のものをもって、その強力の跡を拝もうとしていたのである。

○

東部日本の諸県において、オオヒトと言ったのは山人のことであった。もちろん大きいからの大人であろうが、その大きさが驚くべく一様でなかった。見た人が次第に少なく、語る人益々多かりし証拠である。今に至っては実状を確かめることもむつかしいが、区々《まちまち》の異説は及ぶ限りこれを保存しておかねばならぬ。

一　陸奥《むつ》と出羽との境なる吾妻山の奥に、大人と云ふものあり。蓋し山気の生ずる所なり。其長《たけ》一丈五六尺、木の葉を綴りて身を蔽《おお》ふ。物言はず笑はず。時々村の人家に入来る。村人之を敬すること神の如く、其為に酒食を設く。大人は之を食はず、悉く包みて持帰る也。村の子供時として之に戯るゝことあれども、之を怒りて害を作せしことを聞かず。神保甲作の話なり（『今斉諧』巻四）。

二　上野《こうずけ》黒竜山不動寺は、山深く嶮岨《けんそ》にして、堂宇其間に在り。魔所と言ひ伝へて怪異甚だ多し。山の主とて山大人と云ふものあり。一年に二三度は寺の者之を見る。其の座するとき膝の高さ三尺ばかりあり。偶々足跡を見るに五六尺もありて、一歩に十余間を隔つと云へり（『日東本草図彙』）。

三　高田の大工又兵衛と云ふ者、西山本に雇はれありしが、一夜急用ありて一人山道を還りしに、岨路《そばみち》の引廻りたる処にて図らずも大人に行逢ひたり。其形裸身にして、長《たけ》は八尺ばかり、髪肩に垂れ、眼の光星の如く、手に兎一つ提げて静かに歩み来る。大工驚きて立止れば、かの大人もまた驚けるさまにて立止りしが、遂に物も言はず、路を横ぎりて山に登り走りしとぞ（『北越雑記』巻十九）。

四　飛驒《ひだ》の山中にオオヒトと云ふものあり。長は九尺ばかりもあるべし。木の葉を綴りて衣とす。物をも言ふにや之を聞きたる人無し。或猟師山深く分け入りて獣多き処を尋ねけるが、思はず此物に逢ひたり。走り来ること飛ぶが如し。遁《のが》るべきやうなければせん方無く、せめては斯くもせば助からんかと、飢の用意に持ちたる団飯《むすび》を取出で、手に載せて差出せしに、取食ひて此上無く悦《よろこ》べる様なり。誠に深山に自ら生れ出でたる者なれば、かの洪荒《こうこう》と云ふ世の例も思ひ出でられてかゝる物食ひたるは始めての事なるべしと思はる。暫くありて此者、狐貉《むじな》夥しく殺しもて来り与へぬ。団飯の恩に報いる也けり。猟師労無くして獲物多きことを悦び、それよりは日毎に団飯を包み行きて、獣に換へ帰りたり。然るを隣なる猟師之を怪しみ、窃《ひそか》に窺ひ置きて、深夜に彼に先だち行きて待つに、思はず例の者に行逢ひたり。鬼とや思ひけん弾《たま》こめて打ちたり。打たれて遁げければ猟師も帰りぬ。此前の猟師此事を聞きて、あな不便《ふびん》の事やとて、猶山深く尋ね入り峰より下を見たるに、此者谷底に倒れ伏し居たるを、同じ様なる者の傍に添ひたるは介抱するなるべし。若し近づきなば他に打たれし仇《あだ》を、我に怨みやせんと怖しくなりて止みぬ。斯くて後には死にたるなるべしと、後に此事を人に語りしを、人の伝へたりし也。深き山にはかゝる者も有りけるよとて、細井《ほそい》知慎《ともちか》語れり（『視聴草《みききぐさ》』第四集巻六所録『荻生徂徠《おぎゅうそらい》手記』）。

○

巨人の足跡を見て感動した例は、決して支那の昔話だけでない。小田内通敏君が聴いて来て教えてくれた話には、秋田市楢山《ならやま》に住む丹生某氏、狩が好きで方々をあるき、ある年仙北郡神宮寺山の麓の村で、人の家に一泊したところ、一つの紙袋に少しの砂を入れたのが、神棚に載せてあった。主人にそのわけを尋ねると、つい近い頃に、山の下を流れる雄《お》物《もの》川の岸で草を刈っていると、不意に大きな物音がして、山から飛び降りた者がある。よく見たら山男であった。怖ろしいから茅《かや》の陰に隠れていて、後にその場所に行って見れば、川原にはなはだ大きな足跡があった。あまり珍しいこと故、村の人たちを呼んで来て見せると、一同は崇敬のあまり、その足跡の砂を取り分けて各自の家に持ち還り、こうして神棚に上げておくのだと答えたそうである。

雪の上に大きな足跡を見たという話はまだ沢山ある。その二三を挙げてみると、

一　遠州奥山郷白鞍山《しらくらやま》は、浦川の水源なり。大峰を通り凡そ四里、山中人跡稀《まれ》なり。神人住めり。俗に山男と云ふ。雪中に其跡を見て盛大なることを知る。其形を見る者は早く死す（『遠江国風土記伝』）。

二　駿河安倍郡腰越村の山中にて、雪の日足跡を見る。大さ三尺許《ばかり》、其間九尺ほどづゝ、三里ばかり、小路に入りて続けり。又此村の手前に小川あり。此川を一跨《ひとまた》ぎに渡りしと覚えしは、其川向二三間にも足跡ありしと。之を山男と謂ひ、稀には其糞を見当ることあるに、鈴竹といふ竹葉を食する故糞中に竹葉ありといふ。右の村々は大井川の川上なり。府中江川町三階屋仁右衛門話したり（『甲子夜話《かつしやわ》』）。

三　小虫倉山、虫倉明神、公時《きんとき》の母の霊を祭る。因って阿姥《おうば》明神社とも云ふ。山姥の住めりしといふ大洞二つあり。近年下の古洞に、山居の僧住せしより、山女之を厭《いと》ひ去ると謂ふ。其以前は雪の中に、大なる足跡を見たり（『信濃奇勝録』巻二）。

四　文政中、高岡郡大野見郷島の川の山中にて、官より香蕈《こうたけ》を作らせたまふとき雪の中に大なる足跡を見る、其跡左のみにて一二間を隔て、又右足跡ばかりの跡ありこれは一つ足と称し、常にあるものなり。香美《かみ》郡にもあり（『土佐海』続編）。

土佐では山人を一般に山爺《やまじい》と呼んでいる。一本足でおまけに眼も一つだと信じこれに遭

ったと言う人さえあった。紀州熊野の深山でも一たたら、または一本踏鞴《たたら》などと伝え、かつて勇士に退治せられた話がある。その他の府県でも、山に一本足の怪物がいるという説は多いが、単に雪の上の足跡から、推測し得べきことではもちろんなかった。すなわち実験以前から、そういう言い伝えがすでにあったので、誤信ながらもそれにはまた別途の説明があったのである。

また雪の上ではなくとも、足跡の不思議は久しい以前から、我々の祖先を驚かしていた。信州戸隠《とがくし》でも大雨の後、畑などの上に二三尺（約六十～九十センチ）の足跡のあるのを度々見たと言い、越後の苗場山でも雨後に山上に登れば、長さ尺余の足跡を見ることがあると、『越後野志《えちごやし》』巻六に書いている。播州揖保《いぼ》郡黒崎の荒神山に、萩原孫三郎の墓と伝うる古塚があって、石の祠《ほこら》が安置してあった。嘉永の初年とかに、ある人この辺を拓《ひら》いて畑としたところが、一夜の中《うち》に踏み荒して、大きな人の足跡があった。そうしてその家は全家発狂してしまったと、『西讃府志《せいさんふし》』巻五十一に書いている。『仙梅日記《せんばいにっき》』には駿州梅ケ島仙ケ俣の旅行において、一人の案内者が山中さんに話した。雪の後に山男の足跡を見ることがある。二尺ほどの大足である。門野《かどの》というところの向こう山には、山男が石に歩みかけた足がある。岩が凹《へこ》んで足の形を印している。いかほどの強い力だろうかと言ったそうである。

こういう人々の心持ちでは、巌石の上に不朽の痕跡を止めることも、大人ならば不可能でないと思ったのであろうが、親しく実際に就いて看《み》ると、ほとんどその全部が山男たちの関与するところではなかった。大人足跡という口碑は、すでに奈良朝期の『常陸風土記』大櫛岡《おおくしおか》の条にもある。丘壟《おか》の上に腰かけて大海の蜃《おおはまぐり》を採って食ったと言い、足跡の長さ四十余歩、広さは二十余歩とある。『播磨風土記』の多可《たか》郡の条にも巨人が南海から北海に歩んだと伝えて、その踰《こ》ゆる跡処《あとどころ》、数々《あまた》沼を成すと記してある。そこで問題は我々の前代の信仰に、別に大人と名づけた巨大の霊物があって、誤ってその名を山人に付与したのではないかということになるが、もしそうならばこれと共に、足跡に関する畏敬の情までも、移して彼に与えたことになるのである。すなわち羽後の農民などが足跡の砂を大切にしたのは、むしろ山人史末期の一徴候で、事跡が不明になったためにかえって一層これを神秘化したものでないかとも思われるのである。

○

現在の大人足跡は中国に最も多く、四国紀州等はこれに次ぎ、いずれも地名となって各国数十百を算する。しかし他の地方とても決して絶無ではなく、ことに偉大な足跡は到るところに散在しているが、そのあるものは単純にこれを鬼の足跡とも言い、あるいはまた大太法師《だいだ》の足跡とも唱えている。関東の各地でダイラボッチ、もしくばデエラ坊の話というのもこれで、多くはいわゆる足跡に伴う伝説である。東京の近郊などにも現にいくつかあるが、全国を通じて大体にこれを二様に区別することが出来る。その一つは前の駿州仙ヶ俣の場合のごとく、岩石の上に跡を印したもので、不思議は主として石のごとく堅いものを踏み窪めたという点にあり、従って独り山人のみにあらず。古来の偉人勇士例えば弁慶曾我五郎という類の人々までが作者である故に、その形はさして大きくない。そうしてその石は大抵崇拝せられている。これに反して第二の種類には、いくらでも大きなものがあって、従って鬼物巨霊にのみ托せられる。東京近くでは、京王電車の代田《だいだ》という停留場の辺には、昔大太法師が架けたという橋があり、それからわずか南東にある足跡は、足形こそしてはいるが、面積は約三町歩（約三ヘクタール）、内部は元杉林であったが、今では文化住宅でも建っているかも知れぬ。踵《かかと》に当たるところには地下水の露頭があり、その傍には小さな堂もあった。それからまた東南方には二ヶ処の足跡あり、駒沢村にあるものは更に偉大であった。いずれも泉の噴出に起因する窪地で、形状は足跡とも見られぬことはなかった。上総《かずさ》の鶴枝《つるえ》村で見たものは、小川を隔てて双方の岡の上にあった。その一つはすでに崩れているが、他の一つは約一畝《せ》歩《ぶ》（約一アール）、四周の樹林地の中にこれだけが土地台帳で別筆となって、その分を開いて麦か何かが播《ま》いてあった。甲州信州辺のデエラボッチャも、大抵は孤立した湿地であったが、そうでない足跡もあるようである。何にしても付近と地形が違って、それがほぼ足形をしていれば、大人の跡といったのである。

大人は富士を背負うて、いずれへか持って行こうとしたり、または一夜に大湖を埋めようとして、簣《あじか》を持って土を運んだ。その簣の目をこぼれた一塊が、あの塚だこの山だという話はどこにでもある。つまりは古くからの大話の一形式であるが、注意すべきはことごとく水土の工事に関聯し、ところによっては山を蹴《け》開《ひら》き湖水を流し、耕地を作ってくれたなどと伝え、すこぶる天地剖析《ほうせき》の神話の面影を忍ばしむるものがある。古い言い伝えには相違ないのである。大きい行き止まりは加賀国の大人の足跡、東は越中境栗殻山《くりからやま》の打越に一つ、次には河北郡木越の光林寺の址《あと》という田の中、次には能美《のみ》郡波佐谷《はさだに》の山の斜面、すなわちこの国を三足であるいた形である。いずれも指の跡までが分明で、下に岩でもあるものか、田の中ながらそこだけは草も生えない。それから壱岐《いき》の島の国分《こくぶ》の初丘にあるもの、爪先北に向かって南北に十二間（約二十二メートル）、幅は六間で踵のところが二間（約三百六十センチ）、これを大の足跡と呼んでいる。大昔に大という人、九州から対馬へ渡ろうとして、この中間の島に足を踏み立てた。その跡であるという。少し窪んで水が出ている。こんなところは付近に多いと『壱岐名勝図誌』には記している。

大人は九州の南部では、大人弥五郎と称し、また大人隼人《はやと》などとも言っている。八幡神社の眷属《けんぞく》のようにも言えば、また昔この大神に治伐せられた兇賊のごとくにも伝えて一定せぬが、一方には山作りや足跡の話もあれば、他の一方には祭の時に、人形に作って曳きあるいている。そうして隼人はまたこの地方では、征服せられたる先住民の総称である。隼人が上代の被征服者であるために、これを大人隼人などと呼んでいるのならば、我々の伝えんと欲する山の人も、オオヒトという別名を得た理由が別になおあったかも知れぬ。

しかし考えていくほどかえって段々にむつかしくなるらしいから、もうこの辺で一旦は話を止めておこう。

三〇　これは日本文化史の未解決の問題なる事

ここで打ち切ってはもちろんこの研究は不完全なものである。最初自分の企てていたことは、山近くに住む人々の宗教生活には、意外な現実の影響が強かったということを、論証してみるにあったのだが、残念ながらそれにはまだ資料が十分でない。後代の篤学者はなお多くの隠れたるものを発掘することであろう。しかしただ一つほぼ断定してもよいと思うことは、中世以後の天狗思想の進化に、著しく山人に関する経験が働いていたことである。単に眼が光る色が赤い、背が高いなどの外形のみではない。仏法方面の人からは天魔の扱いを受けつつも、感情があり好意悪意があって、あるいは我々に近づきあるいはまた擯斥《ひんせき》し、機嫌にも時々のむらがあって、気に向けば義侠《ぎきょう》的に世話をしてくれるなど、至って平凡なる人間味の若干をまじえていることは、それが純然たる空想の所産でないことを思わしめる。

彼らはまた時として我々から、ひどくやっつけられたという話もある。天狗の神通をもってして、不覚千万のようではあるが、かの杉の皮で鼻を弾《はじ》かれて、人間という者は心にもないことをするから怖ろしいと言った昔話などは、少なくともかつて人間と彼らとの間に、対等の交際があったという偶然の証拠である。欺くに方法をもってするならば、天狗必ずしも恐るるに足らずとする考えは、我々の世渡りには大切なる教訓でありまた激励であった。故にあるいは自分だけは筍《たけのこ》を喰い、相手には竹を切って煮て食わせてみたとか、また白い丸石を炉の火で焼いて、餅を食いに来た山人に食わせたら、大いに苦しんで遁《に》げ去ったとかいうがごとき、詐謀《さぼう》をもってこれを征服した物語が、諸国に数多く伝わっているので、しかもその古伝の骨子をなす点が、主として火の美感であり穀物の味であり、いずれも山人と名づくるこの島国の原住民の、ほとんど永遠に奪い去られた幸福であったことを考えると、山の人生の古来の不安、すなわち時あって発現する彼らの憤怒、ないしは粗暴を極めた侵掠《しんりゃく》と誘惑の畏れなども、幾分か自然に近く解釈し得られるかと思われ、これと相関聯する土地神の信仰に、顕著な特色の認められるのも、畢竟《ひっきょう》はこの民族の歴史が、これを促したということになるのである。

○

最後になお一つ話が残っている。数多《あまた》ある村里の住民の中で、特別に山の人と懇意にしていたと言う者が処々にあった。その問題だけは述べておかねばならぬ。天狗の方にも名山霊刹《れいさつ》の彼らを仏法の守護者と頼んだもの以外に、尋常民家の人であって、やはり時としてかの珍客の訪問を受けたという例は相応にあった。その中でもことに有名なのは、加賀の松任《まっとう》の餅屋であったが、たしか越中の高岡にも半分以上似た話があり、その他あの地方には少なくとも世間の噂で、天狗の恩顧を説かるる家は多かったのである。今ではほとんど広告の用にも立たぬかも知らぬが、当初は決してうかうかとした笑話でなかった。訪問のあるという日は前兆があり、またはあらかじめ定まっていて、一家戒慎《かいしん》して室を浄《きよ》め、叨《みだ》りに人を近づけず、しかも出入座臥《ざが》飲食ともに、音もなく目にも触れなかったことは、他の多くの尊い神々も同じであった。災害を予報し作法方式を示し、時あっては憂いや迷いを抱く者が、この主人を介して神教を永めんとしたことも、想像に難くないのであった。すなわちただ一歩を進むれば、建久八年の橘《たちばな》兼仲のごとく、専門の行者となって一代を風靡《ふうび》し、もしくは近世の野州古峰原《こぶがはら》のように、一派の信仰の中心となるべき境まで来ていたので、しかもその大切なる顕冥《けんめい》両界の連鎖をなしたものが、単に由緒久しき名物の餡餅《あんもち》であったことを知るに至っては、心窃《ひそ》かに在来の宗教起原論の研究者が、徒《いたず》らに天外の五里霧中に辛苦していたことを、感ぜざる者は少ないであろう。

始めて人間が神を人のごとく想像し得た時代には、食物は今よりも遥かに大なる人生の部分を占めていた。餅ほどうまい物は世の中にはないと考えた凡俗は、これを清く製して献上することによって、神御満足の御面《おも》ざしを、空に描くことを得たろうと思う上に、更にその推測を確かめるに足るだけの実験が、時あって日常生活の上にも行われたのである。

我々の畏怖して止まなかった山の人も、米を好みことに餅の香を愛したのであった。特別なる交際が餅をもって始まったという話は、もちろん話であろうが今に方々に伝わっている。これを下品だとして顧みないような学者は、いつまでも高天原《たかまがはら》だけを説いているがよい。自分たちは今ある下界の平民の信仰が、いかに発達してこうまで完成したかを、考えてみようとするのである。前に話した馬に七駄のマダの皮で、草履を作っていたという陸中浄法寺の村で、ある農夫は山に行って山男に逢った。昼弁当の餅を珍しがるから分けてやると、非常に喜んでこれを食った。お前の家ではもう田を打ったか、いやまだ打たぬというと、そんだら打ってやるから何月何日の晩に、三本鍬《さんぼんぐわ》と一緒に餅を三升（約五・四キログラム）ほど搗《つ》いて田の畔に置けと言う。約のごとくにして翌日往ってみると、餅はなくなり田はよく打ってあったが、大小の田の境もなく一面に打ちのめしてあった。それからも、友だちになって、山に行くたびに餅をはたられて困った。その山男がまた彼に向かって、おれは誠によい人間だが、かかアは悪いやつだから、見られないように用心せよと度々言って聴かせたという話もあって、六七十年前の出来事のように考えられている（『郷土研究』一ノ九佐々木君、次も同じ）。この地方の昔話の「山かか」は実際怖ろしい。鬼婆天《あま》のじゃくのした仕事が、ここでは皆山かかの所業になっている。

また閉伊《へい》郡の六角牛《ろっこうし》山では、青笹《あおざさ》村の某が山に入ってマダの樹の皮を剝《は》いていると、じっと立って見ていた七尺（約二百十センチ）あまりの男があった。おれもすけてやるべとさながら麻を剝ぐように、たちまちにしてもう沢山になった。それから傍の火にあぶっておいた餅を指ざし、くれというから承知をすると、無遠慮に皆食ってしまった。来年の今頃もまた来るかと聞く故に、後難を恐れてもう来ないと答えると、そんだら三升の餅をいついつの晩に、お前の家の庭へ出しておいてくれ、一年中のマダの皮を持って往ってやるからというので、これもその通りにしてみると翌年は約束の日の夜中に、庭でどしんと大荷物を置く音がした。およそ馬に二駄ほどのマダの皮であったという。それから以後は毎年同じ日に、この家の庭上でいわゆる無言貿易は行われたのだが、今の主人の若年の頃から、どうしたものか餅は供えておいても、マダの皮は持って来ぬようになったと言っている。

『津軽旧事談《くじだん》』に『弘藩《こうはん》明治一統志』その他を引いて、岩木山の大人と親善だったと記しているのは、麓の鬼沢村の弥十郎という農夫であって、これは後に自分もまた、大人となって行方を知らずとも伝えられる。彼は最初薪を採りに入って偶然と懇意になり、角力《すもう》などを取って日を暮らし、素手で帰って来ると必ず一夜の中《うち》に、二、三日分ほどの薪が家の背戸に積んであった。あるいはまた大人が弥十郎を助けて、新たにこの土地を開発したのだとも言い、また赤倉の谷から水を導いて村の耕地に灌漑したのも、同じ大人の力であったと称して、その驚くべき難土木の跡について、逆さ水の伝説を語っている。村の名の鬼沢と産土《うぶすな》の社の名の鬼ノ宮とは、果たして今の口碑の結果であるか、はた原因であるかを決しかねるが、後々までも村に怪力の人が輩出したと言い、あるいはまた大人が鎮守《ちんじゅ》を約諾して、その代わりには五月の節供《せっく》に菖蒲《しょうぶ》を葺《ふ》かず、節分に豆をまくなかれと言ったとあって、永く正直にこの二種の物を用いなかったのは、少なくとも近代の雑説ではなかった証拠である。大人が弥十郎の妻に姿を見られたのを理由にして、再び来なくなったというのにも、何か仔細《しさい》がありそうだ。その折記念に遺して去った蓑笠《みのかさ》は鬼ノ宮に、鍬《くわ》は藤田という家に伝わっているそうだが、藤田は多分弥十郎の末で、すなわち草分けの家であったろう。南部の方でも三戸《さんのへ》郡の荒沢不動に、山男の使った木臼が伝わっていることを、『糠《ぬか》部《のぶ》五郡小史』には録している。これで樹の実を搗《つ》いて食っていたという話は疑わしくとも、昔かつて彼らと交際のあったことを、信じていたことだけは推察せられる。

津軽の山人は角力を取ったというのみで、餅をどうしたという話は残ってないが、秋田の方へ越えてみると、この二つの事件も結び付いている。これも小田内通敏氏の談であるが、五城目《ごじょうのめ》近在の木樵でかねて田舎相撲の心得ある某、ある日山で働いて木を負うて立とうとすると、不意に山男が出て来て、相撲を取ろうと言うて留めた。そこで荷を再び下に卸《おろ》して力を角《かく》し、一番はまず彼を投げたら強いと褒《ほ》めてくれた。二番目にはわざと勝を譲って還ろうとしたが、山男は少し待ってくれと言って、更に二三人の仲間を連れて来て取らせたので、いずれも一番は勝ち一番は負けて別れて来た。それが縁になってその後もおりおり出会ううちに、ある時いつ幾日にはその方の家へ遊びに行く。家の者を外へやり、餅を搗いて待っていよというのでその通りにして一斗（約十八キログラム）ほどの餅を振る舞うと、数人の山男が悦んで終日遊んで帰った。それはよかったがその後もおりおりやって来て、酒を飲ませろの何のと言うために、ついにはその煩わしさに堪えず、これを気に病んで久しく寝ているようなことになった。村の人たちはこれを見て、山男などと付合《つきあい》をするのは、いずれ身のためには好くないことだと話し合っていたそうであるが、もしこの樵夫にせめて松任の餅屋ほどの気働きがあったら、神経衰弱などにはならずに済みそうなものであった。しかも因縁ばかり永く続いて人に信心のやや薄れた場合に、尋常一様の手段では元奉仕した神と別れることが難しかったということは、しばしば巫術《ふじゅつ》の家について言い伝えられた話であった。餅が化して白い小石になったということと、石を火に焼いて怪物を攻めたということとは、共に古くからある物語には相異ないが、山人の場合には二つの話が合体して、あまり毎晩餅ばかり食いに来るので、後には閉口して白い丸石を囲炉裏に焼き、知らぬ顔をして食わせてみると、火焔を吹いて飛び出して去ったとか、またはその祟《たた》りで大水が出たのが年代記にあるところの白髭水《しらひげみず》だなどと、いずれも皆一旦の好意とその後の不本意なる絶縁とを伝説する地方が多いのは、あるいは何かこの方面の信仰の次々の変化を、暗示するものではないかと思う。

角力によって山男と近付きになったというのもまた偶然ではなかったようである。今日中央部以西の日本において、やたらに人と相撲を取りたがるのは、川童《かっぱ》と話がきまっている。土佐ではシバテンと言って芝天狗の略称かとも考えるが、挙動はほとんど川童と同じである。見たところ小児のごとくいかにも非力であるが、勝つと何遍でも今一番というので、うるさくて仕方がない。わざと負けてやるとキキと嬉《うれ》しそうに鳴いて、また仲間をうんと喚《よ》んで来る。何にしても厄介《やっかい》な相手で、彼らに挑まれたために夜どおし角力を取り、後には気狂いのようになったという話が九州などには多い。それでいて必ずしも狐狸のごとく、騙《だま》すつもりではないらしいのである。川童にせよ何にせよ、どうしてまたこんな趣意不明なる交渉が始まったというか。それには角力そのものの歴史を、今少しくさかのぼって考える必要があるようである。朝廷の相撲召合《すもうめしあわせ》は七月を例とし、古い年中行事の一つではあったが、いわゆる唐制の模倣でもなければ、また皇室専属の儀式でもなかったらしい。恐らくは中央文化のある階段において、民間の風習を採用して国技とせられたらしいことは、力士の諸国から貢進せられたのを見てもわかる。すなわちいわゆる田舎相撲花相撲の方が、起原においては一つ前である。佐渡では今も村々を代表する選手があり名乗《なのり》を世襲し、会津の新宮権現でも、祭の日には村々の名を帯びた力士が出て、勝った村ではその年は仕合せ好しと信ぜられたこと、歩射《ぶしゃ》馬駆けなども同じであった。すなわち祈願祈禱を専《もっぱ》らとし怪力を神授と考え、部落互いに技を競う他に、常に運勢の強弱ともいうべきものを認めていたのは、背後に大いに頼むところの氏神、里の神の御威光があったためで、しかも彼らは信心の未熟によってこれを傷つけんことを畏れていたのである。時代が漸く進んで全民族の宗教はいよいよ統一し、小区域の敵愾心《てきがいしん》などは意味もないものになったが、それでも古い名残は今だって少しは認められる。いわんや土地毎に守り神を別にし、家門にはそれぞれの信仰があった際である。豊後の日田の鬼太夫の系図が、連綿として数百年に及ぶごとく、力の筋を神の筋に帰し、これをもって郷党の信望を繋《つな》ぎまたは集注せしめた者が、すなわち神人であったものかと思われる。山男に名ざされまた川童に角力を挑《いど》まれるということは、言い換えればその者が不思議を感じやすく、神秘の前に無我になりやすい性質を具《そな》えていたことを意味し、一方には鞍馬《くらま》の奥僧正谷《そうじょうだに》の貴公子のように、試練を経てその天分の怪力を発揮し得るのみならず、他の一方には目に見えぬ世界の紹介者として、また大いに神霊の道を社会に行うことを得たはずであったが、不幸にして国はすでに事大主義、宣伝万能の世となっていたために、割拠したる小盆地の神々は単なる妖怪をもって遇せられ、いまだ十分にその感化を実現せぬ前に、有力なる外来の信仰に面してことごとくその光を失い、神が力を試みるという折角の旧方式も、結句無意味な擾乱《じょうらん》に過ぎぬことになったのである。

自分の見るところをもってすれば、日本現在の村々の信仰には、根原に新旧の二系統があった。朝家の法制にもかつて天神地祇《ちぎ》を分たれたが、後の宗像《むなかた》賀茂八幡熊野春日住吉諏訪白山鹿島香取のごとく、有効なる組織をもって神人を諸国に派し、次々に新たなる若宮今宮を増設していったものの他に、別に土着年久しく住民心を共にして、固く旧来の信仰を保持しているものがあった。荘園の創立は以前の郷里生活を一変し、領主はおおむね都人士の血と趣味とを嗣《つ》いでいたために、仏教の側援《そくえん》ある中央の大社を勧請《かんじょう》する方に傾いていたらしく、次第に今まであるものを改造して、例えば式内の古社がほとんどその名を喪失したように、力《つと》めてこの統一の勢力に迎合したらしいが、これと同時に農民の保守趣味から、新たな社の祭式信仰をも、自分のかねて持つものに引き付けた場合が少なくはなかったらしい。また右の二つの系統が、時としては二つの層をなし、必ずしも一郷の八幡宮、一村全体の熊野社の威望を傷つけることなくして、屋敷や一つの垣内《かいと》だけで、なお古くからの土地の神に、精誠《せいぜい》を致していた場合も多かった。頭屋《とうや》の慣習と鍵取《かぎとり》の制度、社家相続の方法等の中を尋ねると、今とてもこの差別の微妙なる影響を見出すこと困難ならず、ことに永年に亘って必ずしも官府の公認するところとならずとも、家から家へまたは母から娘へ、静かに流れていた信仰には、別に中断せられた証跡もない以上は、古いものが多く伝わると見てよろしい。それというのが信仰の基礎は生活の自然の要求にあって、強いて日月星辰《せいしん》というがごとき壮麗にして物遠いところには心を寄せず、四季朝夕の尋常の幸福を求め、最も平凡なる不安を避けようとしていた結果、夙《つと》に祭を申し謹み仕えたのは、主としては山の神荒野の神、または海川の神を出でなかったのである。導く人のやはり我が仲間であったことは、あるいは時代に相応せぬ鄙《ひな》ぶりを匡《ただ》し得ない結果になったか知らぬが、その代わりにはなつかしい我々の大昔が、大して小賢《こざか》しい者の干渉を受けずに、ほぼうぶな形をもって今日までも続いて来た。例えば稚《おさな》くして山に紛れ入った姉弟が、その頃の紋様ある四つ身の衣物を着て、ふと親の家に還って来たようなものである。これを笑うがごとき心なき人々は、少なくとも自分たちの同志者の中にはいない。

注釈 1

1 サンカ　漂泊民のひとつで竹細工や箕の製作・補修、川漁に従事した人々を指す。柳田の漂泊民に対する関心は、それぞれの職能と宗教的側面への注目が目立つが、一九一五年大嘗祭に奉仕した際、柳田は京都の若王子の山腹から上る煙を遠望して、そこに国家的行事から無縁なサンカの営みを読み取っている。

2 二宮徳君　札幌農学校卒業。二宮尊徳の曾孫に当たり、柳田とは明治末から大正中頃にかけて継続された郷土会で交流があった。

3 山方石之助君　（一八六八～一九二二）　郷土史家・作家・新聞記者。秋田県生。筆名は香峰。『秋田公論』主筆、『文華』の編集などを務めたほか、『秋田地震誌』（一八九七）など、多くの郷土誌を著す。また、『小笠原島志』（一九〇六）のような離島研究でも先鞭をつけた。

4 菅江真澄の『遊覧記』　江戸後期の国学者・菅江真澄（一七五四?～一八二九）の旅行記録。信州から東北、蝦夷地（北海道）に到る紀行文が収められており、随所に描き込まれた風景画とともに、前近代の貴重な民俗資料として位置付けられる。

5 狩野亨吉先生　（一八六五～一九四二）　思想家・教育者。秋田県生。帝国大学理科大学数学科・文科大学哲学科卒業。第一高等学校校長を経て、京都帝国大学文科大学初代学長。これを辞した後は、在野の学者として書画の鑑定などに従事。安藤昌益の著書『自然真営道』を発見したことでも知られる。

6　佐々木喜善君　（一八八六〜一九三三）　大正・昭和期の作家。岩手県生。私立岩手医学校中退。作家を志して上京。水野葉舟の紹介で柳田と出会い、『遠野物語』の元型となる故郷・遠野の民譚を口述。のち、郷里で農業会長、村長などを務める。仙台に移り民俗研究の組織作りを試みるが、不遇のうちに病没。

7　大和の三輪の緒環《おだまき》の糸（中略）豊後の大神氏の花の本の少女の話
大和の三輪の由来を示す三輪山神話が昔話の一類型である苧環説話との関わりが深いことを示す。懐妊した娘・活玉依姫を不審に思った父母が相手の男の素性を知るべく、緒環の糸を男の着物の裾に針で刺しておくよう娘に教える。男が訪れた翌朝、刺された糸は三輪山の神の社にまで到っており、緒環にはわずか三巻（三勾・みわ）が残るのみだった。この類縁となる説話が豊後の大神氏に伝わっており（『平家物語』巻第八「緒環」）、娘が自身の許へ通う男性の跡を辿ろうと、母の教えに従い、糸を男の狩衣の襟に針で刺し、行方を追ったところ、洞窟で大蛇が呻いており、後を追ってきた娘に男子の懐妊を告げて絶命する。

8　岩見重太郎　一六一五年没。近世初頭の武芸者。豊臣秀吉に仕え、大坂夏の陣で陣没した。諸国を遍歴し、狒々退治などの伝説で知られる。

9　ちゅうさんこうや　『今昔物語集』巻第二六「美作国神依猟師謀止生贄語《みまさかのくにのかみりようしのはかりことによりていけにへをとどむること》」に登場する神の名前で、「中参」が猿、「高野」が蛇の姿をしていた。当地では毎年祭の日、未婚の娘を生贄に捧げていた。猿はその「婿」として現れる。物語では次の年に生贄となることが決まっていた娘の両親を通りすがりの猟師が不憫に思い、猟犬を使った計略によって猿神を退治し誓約をさせ、生贄の慣わしが終わる。

10　高野聖　中世日本にあって、高野山を中心に活動を行った念仏聖の一形態。宗教活動を通して民間芸能・行商その他、世間師的なことにも才能を発揮した。

11　早川孝太郎君（一八八九〜一九五六）民俗学者。愛知県生。画家を志し、松岡映丘（柳田国男の弟）に師事。大正期柳田が編集した『郷土研究』へ頻繁に投稿。折口信夫、渋沢敬三とも親交を深めた。渋沢のアチック・ミューゼアムに入り、その民俗資料収集を支えた。昭和に入ってからは次第に農業史に傾斜していき、柳田とは疎遠になった。主著に『花祭』（一九三〇）。

12　徳田秋声君（一八七一〜一九四三）小説家。石川県生。同郷だった泉鏡花を介して尾崎紅葉の門下となったが、紅葉の死後、自然主義的作風をもって知られるようになった。芸術院会員。晩年の連載小説「縮図」（一九四一）は情報局によって中断を余儀なくされた。

13　雑賀貞次郎君（一八八四〜一九六四）郷土史家・新聞記者。和歌山県生。一時、田辺新報社に転じたが、牟婁新報社の記者時代、南方熊楠との交流を深めた。柳田国男の『郷土研究』のほか、『民俗学』、『旅と伝説』にも頻繁に投稿。西牟婁郡湊村村会議員、田辺町会議員を歴任したほか、熊楠の死後、遺稿・資料目録の作成に尽力した。

14　比嘉春潮君（一八八三〜一九七七）民俗学者。沖縄県生。沖縄師範学校卒業。小学校教師、沖縄県庁勤務を経て改造社編集者となる。南島談話会に幹事役として参加。柳田を囲む民俗談話会である木曜会にも深く関わった。沖縄在住時、エスペラント研究会を組織するなど、社会主義運動家としての活動歴もある。

15　中村古峡君（一八八一〜一九五二）作家・医師。奈良県生。東京帝国大学英文科・東京医学専門学校卒業。東京朝日新聞記者をつとめたほか、夏目漱石に師事して小説家として活動。心理学に興味を持ち東京医専に学ぶ。一九一七年、雑誌『変態心理』を創刊。主著に『大本教の解剖』（一九二〇）、『精神分析』（一九二九）など。

16 **『神童寅吉物語』** 平田篤胤編述による『仙境異聞』（一八二二年成稿）所収の「仙童寅吉物語二巻」がこれに当たる。天狗によって異界に足を踏み入れたと称する少年・寅吉の見聞を問答形式で記す。

17 **平田翁** 平田篤胤（一七七六～一八四三） 江戸後期の国学者。秋田藩士・大和田氏の出身。備中松山藩士・平田家の養子。本居宣長没後の門人を称した。復古・排外主義的な見地から儒教・仏教を批判。平田国学を樹立し、幕末維新期の思想界に多大な影響を及ぼした。

18 **青麻権現** 宮城県仙台市岩切の青麻神社のこと。主祭神は天照大御神、月読神、天之御中主神であるが、一六八二年この地に霊験を顕した常陸坊海尊を併祀している。

19 **鈴木重光君** （一八八八～一九六七） 郷土史家。神奈川県生。大正期から柳田国男の指導を受け、郷里の津久井郡の民俗調査を行う。一九一八年八月、柳田をはじめとする郷土会主要メンバーが郡内の内郷村を調査した際、現地からこれを迎えて調査を助けた。主著に『相州内郷村話』（一九二四年）。

20 **広瀬旭荘先生** （一八〇七～六三） 江戸後期の儒学者。豊後国日田の人。広瀬淡窓の弟。兄に代わって咸宜園を主宰した。吉田松陰、桂小五郎など多くの勤王家と交流があったことでも知られる。

21 **狩野古法眼** 狩野元信（一四七六～一五五九） 室町時代後期・戦国時代の絵師。狩野派の祖となった正信の子。法眼の称号を与えられたため、古法眼と呼ばれた。狩野派の画風の大成者として知られる。

22 **内田邦彦君** （一八八一～一九六七） 郷土史家。著書として『津軽口碑集』（一九二九）。

23 銕淬　鉄を鍛える際に生じるくず。

24 南方熊楠氏　（一八六七～一九四一）　博物学者・民俗学者。和歌山県生。大学予備門中退後、アメリカ、イギリスへ遊学。明治末から六年間にわたって柳田と往復書簡を交わす。民俗学以外にも内容は多岐にわたるが、特にその博覧強記によって、「山人」を日本の先住民族とする仮説から柳田を撤退させたことが知られる。

25 寺石氏　寺石正路《てらいしまさみち》（一八六八～一九四九）　郷土史家・考古学者。高知県生。大学予備門中退。郷里の中学校で教師生活を送るかたわら、宿毛貝塚などを発掘調査。土佐史談会会長をつとめた。

26 橘南谿　（一七五三～一八〇五）　江戸後期の儒医。伊勢国久居の人。生家は宮川氏。修学時代にあたる天明年間に諸国を遍歴し、紀行文『東遊記』『西遊記』を著す。

27 小山勝清君　（一八九六～一九六五）　作家・郷土史家。熊本県出身。農民運動を経て民俗学を志す。郷土研究のほか、「彦市頓智ばなし」をはじめとする児童文学、歴史小説『それからの武蔵』で知られる。

28 水野葉舟君　（一八八三～一九四七）　小説家・歌人。東京生。早稲田大学卒業。窪田空穂に師事。龍土会で柳田国男と交流。佐々木鏡石（喜善）を柳田に紹介し、『遠野物語』誕生のきっかけを作る。怪談の収集・研究家としても知られる。

29 小田内通敏氏　（一八七五～一九五四）　地理学者。東京高等師範学校卒業。柳田国男とともに郷土会に参画。一九二六年、人文地理学会を設立。昭和初年の郷土教育連盟にも積極的に関わった。

30 津村正恭　（一七三六～一八〇六）　江戸中期の国学者・津村淙菴のこと。京都生。二〇年にわたって綴った見聞録『譚海』は、天明・寛政期の風俗世相を知る上で貴重な資料となっている。

31　鈴木鼓村君（一八七五〜一九三一）箏曲家。宮城県生。本名は卯作。陸軍歩兵教導団に入り、軍務に従いながら箏曲を学ぶ。日清戦争で負傷して退役。主な作品に「静御前」「厳島詣」。

32　会津八一（一八八一〜一九五六）歌人・書家・美術史家。新潟県生。早稲田大学卒業。母校で東洋美術史を教える。郷土会にも参加。昭和に入って柳田が刊行した雑誌『民間伝承』の題字はしばらく会津の手によるものが使用された。

作成　鶴見太郎（歴史学者）

山人考

大正六年日本歴史地理学会大会講演手稿

一

私が八九年以前から、内々山人《やまひと》の問題を考えているということを、喜田《きだ》博士が偶然に発見せられ、かかる晴れがましき会に出て、それを話しせよと仰せられる。一体これは物ずきに近い事業であって、もとより大正六年やそこいらに、成績を発表する所存をもって、取り掛かったものではありませぬ故に、一時ははなはだ当惑しかつ躊躇《ちゅうちょ》をしました。しかし考えてみれば、これは同時に自分のごとき方法をもって進んで、果たして結局の解決を得るに足るや否やを、諸先生から批評していただくのに、最も好い機会でもあるので、なまじいに罷《まか》り出でたる次第でございます。

二

現在の我々日本国民が、数多《あまた》の種族の混成だということは、実はまだ完全には立証せられたわけでもないようでありますが、私の研究はそれをすでに動かぬ通説となったものとして、すなわちこれを発足点と致します。

我が大御門《おおみかど》の御祖先が、初めてこの島へ御到着なされた時には、国内にはすでに幾多の先住民がいたと伝えられます。古代の記録においては、これらを名づけて国つ神と申しているのであります。その例は『日本書紀』の神代巻出雲の条に、吾は是《こ》れ国つ神、号は脚《あし》摩乳《なずち》、我《わが》妻号は手《て》摩乳《なずち》云々。また高皇《たかみ》産霊神《むすびのかみ》は大物主神《おおものぬしのかみ》に向ひ、汝若《も》し国つ神を以《もっ》て妻とせば、吾は猶《なお》汝疎《うと》き心有りとおもはんと仰せられた。神武紀には又臣は是れ国つ神、名を珍彦《うずひこ》と曰《い》ふとあり、また同紀吉野の条には、臣は是れ国つ神名を井《い》光《ひか》と為《な》すとあります。『古事記』の方では御迎いに出た猿田《さるた》彦《ひこ》神をも、また国つ神と記しております。

令《りょう》の神祇令《じんぎりょう》には天神地祇という名を存し、地祇は『倭名鈔《わみょうしょう》』の頃まで、クニツカミまたはクニツヤシロと訓《よ》みますが、この二つは等しく神祇官において、常典によってこれを祭ることになっていまして、奈良朝になりますと、新旧二種族の精神生活は、もはや名残なく融合したものと認められます。『延喜式』の神名帳《じんみょうちょう》には、国魂郡魂《くにたまこおりたま》という類の、神名から明らかに国神に属すと知らるる神々を多く包容しておりながら、天神地祇の区別すらも、すでに存置してはいなかったのであります。

しかも同じ『延喜式』の、中臣《なかとみ》の祓詞《はらえことば》を見ますると、なお天津《あまつ》罪《つみ》と国津罪との区別を認めているのです。国津罪とはしからば何を意味するか。『古語拾遺』には国津罪は国中人民犯す所の罪とのみ申してあるが、それではこれに対する天津罪は、誰の犯すところなるかが不明となります。右二通りの犯罪を比較してみると、一方は串刺重播畔放《くしざししきまきあはなち》というごとく、主として土地占有権の侵害であるに反して、他の一方は父と子犯すといい、獣犯すというような無茶なもので、明白に犯罪の性質に文野の差あることが認められ、すなわち後者は原住民、国つ神の犯す所であることが解ります。『日本紀』景行天皇四十年の詔《みことのり》に、東夷《ひがしのひな》の中《うち》蝦夷《えみし》尤《もっと》も強《こわ》し。男女交《まじ》り居り父子別《わか》ち無し云々ともあります。いずれの時代にこの大祓の詞というものは出来たか。とにかくにかかる後の世まで口伝えに残っていたのは、興味多き事実であります。

同じ祝詞《のりと》の中には、また次のような語も見えます。曰く、国中に荒振神等《あらぶるかみたち》を、神問はしに問はしたまひ神掃《かみはら》ひに掃ひたまひて云々。アラブルカミタチはまた暴神とも荒神とも書してあり、『古語拾遺』などには不順鬼神ともあります。これは多分右申す国つ神の中《うち》、ことに強硬に反抗せし部分を、古くからそう言っていたものと自分は考えます。

三

前九年後三年の時代に至って、漸く完結を告げたところの東征西伐は、要するに国つ神同化の事業を意味していたと思う。東夷《とうい》に比べると西国の先住民の方が、問題が小さかったように見えますが、豊後肥前日向等の『風土記』に、土蜘蛛《つちぐも》退治の記事の多いことは、常陸陸奥等に譲りませず、更に『続日本紀《しょくにほんぎ》』の文武天皇二年の条には太宰府《だざいふ》に勅《ちょく》して豊後の大野、肥後の鞠智《きくち》、肥前の基肄《きい》の三城を修繕せしめられた記事があります。これはもとより海寇《かいこう》の御備えでないことは、地形を一見なされたらすぐにわかります。土蜘蛛にはまた近畿地方に住した者もありました。『摂津風土記』の残篇にも記事があり、大和にはもとより国樔《くず》がおりました。国樔と土蜘蛛とは同じもののように、『常陸風土記』には記してあります。

北東日本の開拓史を見まするると、時代と共に次々に北に向かって経営の歩を進め、しかも夷民の末と認むべき者が、今なお南部津軽の両半島の端の方だけに残っているため、通例世人の考えでは、すべての先住民は圧迫を受けて、北へ北へと引き上げたように見ていますが、これは単純にそんな心持ちがするというのみで、学問上証明を遂げたものではないのです。少なくとも京畿以西に居住した異人等は、今ではただ漠然と、絶滅したように看做されているが、これももとより何らの根拠なき推測であります。

種族の絶滅ということは、血の混淆《こんこう》ないしは口碑《こうひ》の忘却というような意味でならば、これを想像することが出来るが、実際に殺され尽くしまた死に絶えたということは景行天皇紀にいわゆる、撃てばすなわち草に隠れ追えばすなわち山に入るというごとき状態にある人民には、到底これを想像することが出来ないのです。『播磨風土記』を見ると、神前《かみさき》郡大川内、同じく湯川の二処に、異俗人三十許《みそたりばかり》口ありとあって、地名辞書にはこれを今日の寺前長谷二村の辺に考定しています。すなわち汽車が姫路に近づこうとして渡るところの、今日市川と称する川の上流であって、実はかく申す私などもその至って近くの村に生まれました。和銅養老の交まで、この通り風俗を異にする人民が、その辺にはいたのでありま す。

右にいう異俗人は、果たしていかなる種類に属するかは不明であるが、『新撰姓氏録《しんせんしょうじろく》』巻の五、右京皇別佐伯直《さえきのあたい》の条を見ると、此家の祖先とする御諸別命《みもろわけのみこと》、成務《せいむ》天皇の御宇《ぎょう》に播磨の此地方に於て、川上より菜の葉の流れ下るを見て民住むと知り、求め出し之を領して部民と為す云々とあって、あるいはその御世から引き続いて、同じ者の末であったかも知れませぬ。

この佐伯部は、自ら蝦夷の俘《ふ》の神宮に献ぜられ、後に播磨安芸伊予讃岐及び阿波の五国に、配置せれた者の子孫なりと称したということで、すなわち景行天皇紀五十一年の記事とは符合しますが、これと『姓氏録』と二つの記録は、共に佐伯氏の録進に拠られたものと見えますから、この一致をもって強い証拠とするのは当たりませぬ。恐らくは『釈日本紀』に引用する暦録の、佐祈毘（叫び）が佐伯と訛《なま》ったという言い伝えと共に、一箇の古い説明伝説とみるべきものでありましょう。

サヘキの名称は、多分は障碍《しょうがい》という意味で、日本語だろうと思います。佐伯の住したのは、もちろん上に掲げた五箇国には止まりませぬが、果たして彼らの言の通り、蝦夷と種を同じくするか否かは、これらの書物以外の材料を集めて後に、平静に論証する必要があるのであります。

四

国郡の境を定めたまうということは、古くは成務天皇の条、また允恭《いんぎょう》天皇の御時にもありました。これもまた『姓氏録』に阪合部朝臣《さかいべのあそん》、仰せを受けて境を定めたともあります。阪合は境のことで、阪戸阪手阪梨《さかなし》（阪足）などと共に、中古以前からの郷の名里の名にありますが、今日の境の村と村との堺を劃するに反して、昔は山地と平野との境、すなわち国つ神の領土と、天つ神の領土との、境を定めることを意味したかと思います。高野山の弘法大師などが、猟人の手から霊山の地を乞《こ》い受けたなどという昔話は、恐らくはこの事情を反映するものであろうと考えます。古い伽藍《がらん》の地主神が、猟人の形で案内をせられ、また留まって守護したもうという縁起は、高野だけでは決してないのであります。

天武天皇紀の吉野行幸の条に、獦者《かつしゃ》二十余人云々、又は獦者之首などとあるのは、国樔《くず》のことでありましょう。国樔は応神紀に、其為人甚淳朴也《そのひととなりはなはだじゅんぼくなり》などともありまして、佐伯とは本来同じ種族でないように思われます。『北山抄《ほくざんしょう》』『江次第《ごうしだい》』の時代を経て、それよりもまた遥か後代まで名目を存していた、新春朝廷の国栖《くず》の奏は、最初には実際この者が山を出でて来たり仕え、御贄《みにえ》を献じたのに始まるのであります。『延喜式』の宮内式には、諸《もろもろ》の節会《せちえ》の時、国栖十二人笛工五人、合わせて十七人を定としたとあります。古注には笛工の中の二人のみが、山城綴喜《つづき》郡にありとあります故に、他の十五人は年々現実に、もとは吉野の奥から召されたものでありましょう。『延喜式』の頃まではいかがかと思いますが、現に神亀三年には、召し出されたという記録が残っているのであります。

また平野神社の四座御祭、園神三座の祭などに、出でて仕えた山人という者も、元は同じく大和の国栖であったろうと思います。山人が庭火の役を勤めたことは、『江次第』にも見えている。祭の折に賢木《さかき》を執って神人に渡す役を、元は山人が仕え申したということは、もっとも注意を要する点かと心得ます。

ワキモコガアナシノ山ノ山人ト人モ見ルカニ山カツラセヨ

これは後代の神楽歌《かぐらうた》で、衛士《えじ》が昔の山人の役を勤めるようになってから、用いられたものと思います。ワキモコガはマキムクノの訛《なま》り、纏向穴師《まきむくのあなし》は三輪の東に峙《そばだ》つ高山で、大和北部の平野に近く、多分は朝家の思召《おぼしめし》に基いて、この山にも一時国欅人の住んでいたのは、御式典に出仕する便宜のためかと察しられます。

しからば何が故に右のごとき厳重の御祭に、山人ごときが出て仕えることであったか。これはむつかしい問題で、同時にまた山人史の研究の、重要なる鍵でもあるように自分のみは感じている。山人の参列はただの朝廷の体裁装飾でなく、あるいは山から神霊を御降し申すために、欠くべからざる方式ではなかったか。神楽歌の穴師の山は、もちろん後に普通の人を代用してから、山かずらをさせて山人とみようという点に、新たな興味を生じたものですが、『古今集』にはまた大歌所の執り物の歌としてあって、山人の手に持つ榊《さかき》の枝に、何か信仰上の意味がありそうに見えるのであります。

五

山人という語は、この通り起原の年久しいものであります。自分の推測としては、上古史上の国津神が末二つに分かれ、大半は里に下って常民に混同し、残りは山に入りまたは山に留まって、山人と呼ばれたとみるのですが、後世に至っては次第にこの名称を、用いる者がなくなって、かえって仙という字をヤマビトと訓《よ》ませているのであります。

自分が近世いうところの山男山女・山童山姫・山丈山姥などを総括して、仮に山人と申しているのは、必ずしも無理な断定からではありませぬ。単に便宜上この古語を復活して使ってみたまでであります。昔の山人の中で、威力に強《し》いられないしは下され物を慕うて、遥かに京へ出て来た者は、もちろん少数であったでしょう。しからばその残りの旧弊な多数は、ゆくゆくいかに成り行いたであろうか。これからが実は私一人の、考えてみようとした問題でありました。

自分はまず第一に、中世の鬼の話に注意をしてみました。オニに鬼の漢字を充てたのは随分古いことであります。その結果支那から入った陰陽道《おんみょうどう》の思想がこれと合体して、『今昔物語』の中の多くの鬼などは、人の形を具《そな》えたり具えなかったり、孤立独往して種々の奇怪を演じ、時としては板戸に化けたり、油壺になったりして人を害するを本業としたかの観がありますが、終始この鬼とは併行して、別に一派の山中の鬼があって、往々にして勇将猛士に退治せられております。斉明天皇の七年八月に、筑前朝倉山の崖の上に踞《うずく》まって、大きな笠を着て顋《あご》を手で支えて、天子の御葬儀を俯瞰《ふかん》していたという鬼などは、この系統の鬼の中の最も古い一つである。酒顚童子《しゅてんどうじ》にせよ鈴鹿山の鬼にせよ、悪路王《あくろおう》大竹丸赤《あか》頭《がしら》にせよ、いずれも武力の討伐を必要としております。その他吉備津《きびつ》の塵輪《じんりん》も三穂《さんぼ》太郎も、鬼とはいいながら実は人間の最も獰猛《どうもう》なるものに近く、護符や修験者《しゅげんじゃ》の呪文《じゅもん》だけでは、煙のごとく消えてしまいそうにもない鬼でありました。

　また鬼という者がことごとく、人を食い殺すを常習とするような兇悪な者のみならば、決して発生しなかったろうと思う言い伝えは、自ら鬼の子孫と称する者の、諸国に居住したことである。その一例は九州の日田付近にいた大蔵氏、系図を見ると代々鬼太夫などと名乗り、しばしば公の相撲の最手《ほて》に召されました。この家は帰化人の末と申しています。次には京都に近い八瀬《やせ》の里の住民、俗にゲラなどと呼ばれた人々です。このことについては前に[2]小さな論文を公表しておきました。二三の顕著なる異俗があって、誇りとして近年までこれを保持していました。黒川道祐などはこれを山鬼《さんき》の末と書いています。山鬼は地方によって山爺のことをそうも言い、眼一つ足一つだなどと言った者もあります。一方ではまた山鬼護法と連称して、霊山の守護に任ずる活神《いきがみ》のごとくにも信じました。安芸の宮島の山鬼は、おおよそ我々のよくいう天狗と、することが似ていました。秋田太平山の三《さん》吉《きち》権現も、また奥山の半僧坊《はんぞうぼう》や秋葉山の三尺坊の類で、地方に多くの敬信者を持っているが、やはりまた山鬼という語の音から出た名だろうという説があります。

それよりも今一段と顕著なる実例は、大和吉野の大峰山下の五鬼であります。洞川《どろかわ》という谷底の村に、今では五鬼何という苗字の家が五軒あり、いわゆる山上参りの先達職《せんだつしょく》を世襲し、聖護院の法親王御登山の案内役をもって、一代の眉目《びもく》としておりました。吉野の下《しも》市《いち》の町近くには、善鬼垣内《ぜんきかいと》という地名もあって、この地に限らず五鬼の出張が方々にありました。諸国の山伏の家の口碑には、五流併立を説くことがほとんど普通になっています。すなわち五鬼は五人の山伏の家であろうと思うにかかわらず、前鬼後鬼とも書いて役《えん》の行《ぎょう》者《じゃ》の二人の侍者の子孫といい、従ってまた御善鬼様などと称して、これを崇敬した地方もありました。

善鬼は五鬼の始祖のことで、五鬼の他に別に団体があったわけではないらしく、古くは今の五鬼の家を前鬼と言うのが普通でありました。その前鬼が下界と交際を始めたのは、戦国の頃からだと申します。その時代までは彼らにも通力があったのを、浮世の少女と縁組みをしたばかりに、後にはただの人間になったという者もありますが、実際にはごく近代になるまで、一夜の中《うち》に二十里三十里（約八十〜百二十キロメートル）の山を往復したり、くれると言ったら、一畠《ひとはた》の茄子《なす》を皆持って行ったり、なお普通人を威服するに十分なる、力を持つ者のごとく評判せられておりました。

とにかくに彼らが平地の村から、移住した者の末ではないことは、自他共に認めているのです。これと大昔の山人との関係は不明ながら、山の信仰には深い根を持っています。そこでこの意味において、今一応考えてみる必要があると思うのは、相州箱根三州鳳来寺《ほうらいじ》、近江の伊吹山上州の榛名山《はるなさん》、出羽の羽黒紀州の熊野、さては加賀の白山等に伝わる開山の仙人の事跡であります。白山の泰澄大師《たいちょうだいし》などは、奈良の仏法とは系統が別であるそうで、近頃前田慧雲師はこれを南洋系の仏教と申されましたが、自分はいまだその根拠のいずれにあるかを知らぬのであります。とにかくに今ある山伏道も、溯《さかのぼ》って聖宝僧正《しょうぼうそうじょう》以前になりますと、教義も作法も共にはなはだしく不明になり、ことに始祖という役小角《えんのおづぬ》に至っては、これを仏教の教徒と認めることすら決して容易ではないのです。仙術すなわち山人の道と名づくるものが、別に存在していたという推測も、なお同様に成り立つだけの余地があるのであります。

六

土佐では寛永の十九年に、高知の城内に異人が出現したのを、これ山みことという者だと言って、山中に送り還した話があります。ミコは神に仕える女性もしくは童子の名で、山人をそう呼んだことの当否は別として、少なくとも当時なおこの地方には、彼らと山神との何らかの関係を、認めていた者のあったという証拠にはなります。山の神の信仰も維新以後の神祇官系統の学説に基き、名目と解釈の上に大なる変化を受けたことは、あたかも陰陽道《おんみようどう》が入ってオニが漢土の鬼になったのと似ております。今日では山神社の祭神は、大《おお》山祇 命《やまつみのみこと》かその御娘の木花開耶姫《このはなさくやひめ》と、報告せられておらぬものがないという有様ですが、これを各地の実際の信仰に照らしてみると、何としてもそれを古来の言い伝えとはみられぬのであります。

村に住む者が山神を祀り始めた動機は、近世には鉱山の繁栄を願うもの、あるいはまた狩猟のためというのもありますが、大多数は採樵《さいしょう》と開墾の障碍《しょうがい》なきを禱《いの》るもので、すなわち山の神に木を乞《こ》う祭、地を乞う祭を行うのが、これらの社の最初の目的でありました。そうしてその祭を怠った制裁は何かというと、怪我《けが》をしたり発狂したり死んだり、かなり怖ろしい神罰があります。東北地方には往々にして路の畔《くろ》に、山神と刻んだ大きな石塔が立っている。建立の年月日人の名なども彫ってありますが、如何して立てたかと聴くと、必ずその場処に何か不思議があって、臨時の祭をした記念なること、あたかも馬が急死するとその場処において供養を営み、馬頭《ばとう》観音もしくは庚申塔《こうしんとう》などを立てるのと同じく、しかも何の不思議かと問えば、大抵は山の神に不意に行き逢うた、怖ろしいので気絶をしたという類で、その姿はまぼろしにもせよ、常に裸の背の高い、色の赭《あか》い眼の光の鋭い、ほぼ我々が想像する山人に近く、また一方ではこれを山男とも言っているのであります。

天狗を山人と称したことは、近世二三の書物に見えます。あるいは山人を天狗と思ったという方が正しいのかも知れぬ。天狗の鼻を必ず高く、手には必ず羽扇を持たせることにしたのは、近世のしかも画道の約束みたようなもので、『太平記』以前のいろいろの物語には、随分盛んにこれを説いてありますが、さほど鼻のことを注意しませぬ。仏法の解説ではこれを魔障とし、善悪二元の対立を認めた古宗教の面影を伝えているにもかかわらず、一方には天狗の容貌服装のみならず、その習性感情から行動の末までが、仏法の一派と認めている修験山伏とよく類似し、後者もまたこれを承認して、時としてはその道の祖師であり守護神ででもあるかのごとく、崇敬しかつ依頼する風のあったことは、何か隠れたる仔細《しさい》のあることでなければなりませぬ。恐らくは近世全く変化してしまった山の神の信仰に、元は山人も山伏も、共にある程度までは参与していたのを、平地の宗教が段々にこれを無視しまたは忘却していったものと思っております。

今となってはわずかに残る民間下層のいわゆる迷信によって、切れ切れの事実の中から昔の実情を尋ねてみるの他はないのであります。一つの例を挙げてみますれば、山中には往々魔所と名づくる場所があります。京都近くにもいくつかありました。入って行くといろいろの奇怪があるように伝えられ、従って天狗の住家か、集会所のごとく人が考えました。その奇怪というのは何かというと、第一には天狗礫《てんぐつぶて》、どこからともなく石が飛んで来る。ただし通例は中《あた》って人を傷つけることがない。第二には天狗倒し、非常な大木をゴッシンゴッシンと挽《ひ》き斫《き》る音が聴こえ、ほどなくえらい響きを立てて地に倒れる。しかも後にその方角に行ってみても、一本も新たに伐《き》った株などはなく、もちろん倒れた木などもない。第三には天狗笑い、人数ならば十人十五人が一度に大笑いをする声が、不意に閑寂の林の中から聴こえる。害意はなくとも人の胆を寒くする力は、かえって前二者よりも強かった。その他にやや遠くから実験したものには、笛太鼓の囃《はや》しの音があり、また喬木の梢の灯の影などもあって、実はその作者を天狗とする根拠は確実でないのですが、天狗でなければ誰がするかという年来の速断と、天狗ならばしかねないという遺伝的類推法をもって、別に有力なる反対者もなしに、後にはこうして名称にさえなったのであります。

しかも必ずしも魔所と言わず、また有名な老木などのない地にも、やはり同様の奇怪はおりおりあって、ある者は天狗以外の力としてこれを説明しようとしました。例えば不思議の石打ちは、久しく江戸の市中にさえこれを伝え、市外池袋の村民を雇い入れると、氏神が惜しんでこの変を示すなどとも言いました。また伐木坊《きりきぼう》という怪物が山中に住み、毎々大木を伐り倒す音をさせて、人を驚かすという地方もあり、狸が化けてこの悪戯《いたずら》をするという者もありました。深夜にいろいろの物音がきこえて、所在を尋ねると転々するというのは、広島で昔評判したバタバタの怪、または東京でも七不思議の一つに算《かぞ》えた本所《ほんじょ》の馬鹿囃子《ばかばやし》の類です。単に一人が聴いたというのなら、おまえはどうかしていると笑うところですが、現に二人三人の者が一所にいて、あれ聴けと言って顔を見合わせる類の、いわゆるアリュシナシオン・コレクティブであるために、迷信もまた社会化したのであります。

[3]私の住む牛込の高台にも、やはり頻々と深夜の囃子の音があると申しました。東京のはテケテンという太鼓だけですが、加賀の金沢では笛が入ると、泉鏡花君は申されました。遠州の秋葉街道で聴きましたのは、この天狗の御膝元《ひざもと》にいながらこれを狸の神楽と称し、現に狸の演奏しているのを見たとさえ言う人がありました。近世言い始めたことと思いますが、狸は最も物真似に長ずと信じられ、独り古風な腹鼓《はらつづみ》のみにあらず、汽車が開通すれば汽車の音、小学校の出来た当座は学校の騒ぎ、酒屋が建てば杜氏《とうじ》の歌の声などを、真夜中に再現させて我々の耳を驚かしています。しかもそれを狸のわざとする論拠は、皆がそう信ずるという事実より以上に、一つも有力なものはなかったのです。

これらの現象の心理学的説明は、恐らくさして困難なものでありますまい。常は聴かれぬ非常に印象の深い音響の組み合せが、時過ぎて一定の条件の下に鮮明に再現するのを、その時また聴いたように感じたものかも知れず、社会が単純で人の素養に定まった型があり、外から攪乱する力の加わらぬ場合には、多数が一度に同じ感動を受けたとしても、少しも差し支えはないのでありますが、問題はただその幻覚の種類、これを実験し始めた時と場処、また名づけて天狗の何々と称するに至った事情であります。山に入ればしばしば脅かされ、そうでないまでもあらかじめ打ち合せをせずして、山の人の境を侵すときに、我と感ずる不安のごときものと、山にいる人の方が山の神に親しく、農民はいつまでも外客だという考えとが、永く真価以上に山人を買い被《かぶ》っていた、結果ではないかと思います。

七

そこで最終に自分の意見を申しますと、山人すなわち日本の先住民は、もはや絶滅したという通説には、私も大抵は同意してよいと思っておりますが、彼らを我々の言う絶滅に導いた道筋についてのみ、若干の異なる見解を抱くのであります。私の想像する道筋は六筋、その一は帰順朝貢に伴う編貫《へんかん》であります。最も堂々たる同化であります。その二は討《う》ち死《じに》、その三は自然の子孫断絶であります。その四は信仰界を通って、かえって新来の百姓を征服し、好条件をもってゆくゆく彼らと併合したもの、第五は永い歳月の間に、人知れず土着しかつ混淆《こんこう》したもの、数においてはこれが一番に多いかと思います。

こういう風に列記してみると、以上の五つのいずれにも入らない差引残《さしひきざん》、すなわち第六種の旧状保持者、というよりも次第に退化して、今なお山中を漂泊しつつあった者が、少なくともある時代までは、必ずいたわけだということが、推定せられるのであります。ところがこの第六種の状態にある山人の消息は、極めて不確実であるとは申せ、つい最近になるまで各地方独立して、随分数多く伝えられておりました。それは隠者か仙人かであろう。いや妖怪か狒々《ひひ》かまたは駄法螺《だぼら》かであろうと、勝手な批評をしても済むかも知れませぬが、事例は今少しく実着でかつ数多く、またその様にまでして否認をする必要もなかったのであります。

山中ことに漂泊の生存が、最も不可能に思われるのは火食の一点であります。一旦その便益を解していた者が、これを抛棄《ほうき》したということはあり得ぬように思われますが、とにかくに孤独なる山人には火を利用した形跡なく、しかも山中には虫魚鳥小獣のほかに、草木の実と若葉と根、または菌類などが多く、生で食っていたという話は沢山に伝えられます。木挽炭焼の小屋に尋ねて来て、黙って火にあたっていたという話もあれば、川蟹《かわがに》を持って来て焼いて食ったなどとも伝えます。塩はどうするかという疑いのごときは疑いにはなりませぬ。平地の人のごとく多量に消費してはおられぬが、日本では山中に塩分を含む泉至って多く、また食物の中にも塩気の不足を補うべきものがある。また永年の習性でその需要は著しく制限することが出来ました。吉野の奥で山に遁《に》げ込んだ平地人が、山小屋に塩を乞《こ》いに来た。一握《ひとつか》みの塩を悦《よろこ》んで受けて、これだけあれば何年とかは大丈夫と言った話が、『羇旅漫録《きりよまんろく》』かに見えておりました。

それから衣服でありますが、これも獣皮でも樹の皮でも、用は足りたろうと思うにかかわらず、多くの山人は裸であったと言われております。恐らくは裸体であるために人が注意することになったのでしょうが、我が国の温度には古今の変は少なかろうと思うのに、国民の衣服の近世はなはだしく厚くるしくなったのを考えますと、馴《な》らせばなしにも起臥《きが》し得られて、この点はあまり顧慮しなかったものと見えます。不思議なことには山人の草鞋《わらじ》と称して、非常に大形のものを山中で見かけるという話がありますが、それは実用よりも何か第二の目的、すなわち南日本のある海岸の村で今でも大草履を魔除けとするごとく、彼ら独特の畏嚇法《いかくほう》をもって、なるべく平地人を回避した手段であったかも知れませぬ。

交通の問題についても少々考えてみました。日本は山国で北は津軽の半島の果てから南は長門《ながと》の小串《こくし》の尖《さき》まで、少しも平野に下り立たずして往来することが出来るのでありますが、彼らは必要以上に遠くへ走るような、余裕も空想もなかったと見えて、いるという地方にのみいつでもおりました。全国の山地で山人の話の特に多いところが、近世では十数箇所あって、互いに隔絶してその間の聯絡は絶えていたかと思われ、気を付けて見ると少しずつ、気風習性のごときものが違っていました。今日知れている限りの山人生息地は、北では陸羽の境の山であります。ことに日本海へ近よった山群であります。それから北上川左岸の連山、次には只見川の上流から越後秋山へかけての一帯、東海岸は大井川の奥、次は例の吉野から熊野の山、中国では大山山彙《だいせんさんい》などが列挙し得られます。飛驒《ひだ》は山国でありながら、不思議に今日はこの話が少なく、青年の愛好する北アルプスから立山方面、黒部川の入《いり》なども今はもう安全地帯のようであります。これに反して小さな離島でも、屋久《やく》島《しま》は今なお痕跡があり、四国にも九州にももちろん住むと伝えられます。四国では剣山の周囲ことに土佐の側には無数の話があり、九州は東岸にやや偏して、九重山《くじゅうさん》以南霧島山以北一帯に、最も無邪気なる山人が住むと言われております。海が彼らの交通を遮断するのは当然ですが、なお少しは水を泳ぐことも出来ました。山中にはもとより東西の通路があって、老功なる木樵猟師は容易にこれを認めて遭遇を避けました。夜分には彼らも随分里近くを通りました。その方が路が楽であったことは、彼らとても変わりはないはずです。鉄道の初めて通じた時はさぞ驚いたろうと思いますが、今では隧道《トンネル》なども利用しているかも知れませぬ。火と物音にさえ警戒していれば、平地人の方から気が付く虞《おそれ》はないからであります。

山男山姥が町の市日《いちび》に、買物に出るという話が方々にありました。果たしてそんなことがあったら、衣服風体なども目に立たぬように、済ましてただの田舎者の顔をするのだから、山人としては最も進んだ、すぐにも百姓に同化し得る部類で、言わば一種の土着見習生のごときものであります。それ以外には力《つと》めて人を避けるのがむしろ通例で、自分の方から来るというはよくよくの場合、すなわち単なる見物や食物のためではなかったらしいのです。しかも人類としては一番強い内からの衝動、すなわち配偶者の欲しいという情は、往々にして異常の勇敢を促したかと思う事実があります。

もっとも山人の中にも女はあって、族内の縁組も絶対に不可能ではなかったが、人が少なく年が違い、久しい孤独を忍ばねばならぬ際に、堪えかねて里に降って若い男女を誘うたことも、稀《まれ》ではなかったように考えます。神隠しと称する日本の社会の奇現象は、あまりにも数が多く、その中には明白に自身の気の狂いから、何となく山に飛び込んだ者も少なくないのですが、原因の明瞭になったものはかつてないので、しかも多くは還《かえ》って来ず、一方には年を隔てて山中で行き逢うたという話が、決して珍しくはないから、こういう推測が成り立つのであります。世の中が開けてからは、仮に著しくその場合が減じたにしても、物憑《ものつ》き物狂《ものぐる》いがいつも引き寄せられるように、山へ山へと入っていく暗示には、千年以前からの潜んだ威圧が、なお働いているものとみることが出来ます。

それをまた他の方面から立証するものは、山人の言語であります。彼らが物を言ったという例は、ほとんどないと言ってよいのであるが、平地人のいわゆる日本語は、大抵の場合には山人に理解せられます。随分と込み入った事柄でも、呑み込んでその通りにしたというのは、すなわち片親の方からその智識が、段々に注入せられている結果かと思います。それでなければ米の飯をひどく欲しがりまた焚火を悦《よろこ》び、しばしば常人に対して好意とまではなくとも、じっと目送りしたりするほどの、平和な態度を執《と》ったという話が解せられず、ことに頼まれて人を助け、市に出て物を交易するというだけの変化の原因が想像し得られませぬ。多分は前代にあっても最初は同じ事情から、耕作の趣味を学んで一地に土着し、わずかずつ下流の人里と交通を試みているうちに、自他ともに差別の観念を忘失して、すなわち武陵桃源《ぶりょうとうげん》の発見とはなったのであろうと思います。

これを要するに山人の絶滅とは、主としては在来の生活の、特色のなくなることでありました。そうして山人の特色とは何であったかというと、一つには肌膚の色の赤いこと、二つには丈高く、ことに手足の長いことなどが、昔話の中に今も伝説せられます。諸国に数多き大人の足跡の話は、話となって極端まで誇張せられ、加賀ではあの国を三足であるいたという大足跡もありますが、もとは長髄彦《ながすねひこ》もしくは上州の八掬脛《やつかはぎ》ぐらいの、やや我々より大きいという話ではなかったかと思われます。北欧羅巴《ヨーロッパ》では昔話の小人というのが、先住異民族の記憶の断片と解せられていますが、日本はちょうどその反対で、現に東部の弘い地域に亘り、今もって山人のことを大人と呼んでいる例があるのです。

私は他日この問題が今少し綿密に学界から注意せられて、単に人類学上の新資料を供与するに止まらず、日本人の文明史において、まだいかにしても説明し得ない多くの事跡が、この方面から次第に分かって来ることを切望いたします。ことに我々の血の中に、若干の荒い山人の血を混じているかも知れぬということは、我々にとっては実に無限の興味であります。

注釈 2

1 喜田博士　喜田貞吉（一八七一〜一九三九）日本史学者。徳島県生。東京帝国大学卒業。文部省図書審査官、京都帝国大学教授を歴任。専攻は日本古代史であるが、民俗学的方法を駆使した論考が少なくない。一八九九年日本歴史地理学研究会（のち日本歴史地理学会と改称）を組織。早くから柳田の山人論を評価した一人であり、一九一七年には柳田が日本歴史地理学会大会で「山人考」を講演するなど、日本史学者の中では例外的に柳田の仕事を評価した。

2 小さな論文を公表しておきました　「鬼の子孫」（『郷土研究』一九一六年六月号）のこと。

3 私の住む牛込の高台　一八九七年から一九二七年まで柳田が住んだ当時の東京市牛込区市ヶ谷加賀町にある家のこと。

作成　鶴見太郎（歴史学者）

解説

山折哲雄

『遠野物語』が刊行されたのが明治四十三年（一九一〇）、その後十五年の歳月を経て『山の人生』の最初の文章が『アサヒグラフ』誌上に書きはじめられたのが大正十四年（一九二五）のことだった。いずれも柳田国男の存在を今日にいたるまで重からしめている作品であるが、作品自体の性格というか本質を問うということになれば、その両者のあいだには越えがたい懸隔、大きな落差が横たわっている。その懸隔と落差の意味を明らかにすることなしに『山の人生』の仕事がそもそもどのようなものであったかを明らかにすることはできない。

『遠野物語』は東北僻遠の遠野地方にのこされた口碑・伝承を、土地生え抜きの語り手、佐々木喜善の口を通して柳田国男が記述した文章である。佐々木喜善との共同作業、つまりは同行二人ではじめられた採話の試みだった。

その共同作業のプロセスは、どこかこの国の神話『古事記』の編纂事業のそれに通じている、いや酷似しているといっていい。『古事記』の本体をなす伝承を語ったのが稗田阿礼、それを文字記録におこしたのが太安万侶だったことを思わせるからだ。いってみれば佐々木喜善は稗田阿礼のやったことを演じ、これにたいして柳田国男は太安万侶の役割をはたしたことになる。神話をめぐる伝承者と記録者の二人三脚の仕事だったということだ。『古事記』は始原の定かでない物語群の集成だったために、後世の知識では推しはかることのできない不思議な現象、霊異にみたされた物語の断片がちりばめられ、前後の脈略を切断されたコトバが自在にはめこまれていた。その人知を越える現象や異類異形のコトバを分析し解読しようとしたのがはるか後の世の本居宣長であり、その成果が『古事記伝』として実った。そのような宣長の『古事記伝』にあたる仕事が、柳田国男の『山と人生』という一連の研究だったと私は考える。かれは『遠野物語』に出現する不思議な現象、霊異にみちた物語の起源や由来をたずね、歴史の闇に顔を出す異類異形のコトバの謎を解き明かそうとして『山の人生』の研究に入っていったのである。

『古事記』を前にして本居宣長がやろうとしたことを柳田国男は自分もまた試みてみようと思ったのではないか。そのことをはたして自覚していたかどうかよくはわからないが、かれは矢も盾もたまらず、駆り立てられるように筆をとるにいたったのではないかと思う。『遠野物語』を世に問うたときの柳田国男は、異様な神話伝承の世界に驚愕し、それを何とか世に紹介したいと願う知的探究者であったが、「山の人生」という発想をえて分析と解読の仕事にすすみでようとしたとき、かれはその神話伝承の窓を通して、何千年とつづく民俗社会の根源に論理の錘鉛を下ろす知的研究者への道を歩みだしていたといっていいのである。そのときかれの学問、つまり柳田の「民俗学」が誕生したのである。

柳田国男はこの『山の人生』という著述の発想をえたとき、まずどんなことをやろうと思っていたのか。『遠野物語』のなかに出てくる「物語」群のなかに、山中を生活の場とする人間たちの隠された「人生」を第一に浮き彫りにしようと思ったにちがいない。さきにもふれたようにその舞台に出没する不思議な現象や霊異にみちた口碑や伝承の起源を探り、その変容のあとをたどり、最後にかれら「山人」たちが抱えていた「人間苦」の根源に光をあてようとしているからだ。外側から眺めれば、それが柳田国男における『遠野物語』解読の中心的な課題であった。そもそも「山の人生」というタイトル自体が、『遠野物語』の本質をほとんど直観的にいいあらわすキーワードだったといっていい。『山の人生』の第一話「山に埋もれたる人生あること」には、山の炭焼小屋で暮らす親爺が、いたいけな子ども二人をまさかりで斬り殺すという悲惨な実話が紹介されている。そしてこのような「人間苦」の記録が、これら物深い山間の世界にはまだまだたくさん埋もれているといっている。柳田の学問のなかに芽生えはじめた重要な主題であったと思う。

『山の人生』は、『遠野物語』にしばしば登場してくる霊異や幽界出入のテーマをとりあげ、とくに「オニ」や「カミ」の出没にかんする話、および子どもや女人たちのさまざまな「神隠し」の現象をまな板にのせて集中的な吟味を重ねていく。実例がつぎからつぎへと紹介されていくが、その博引旁証がただならない。「風土記」や「今昔物語」などの古典はもとより、地誌、民俗誌、稗史のたぐい、旅行記、異聞、日録、伝書など、その博捜ぶりにはただただ舌を巻くほかはない。

その結果、山と平地のあいだの交渉、亀裂、攪乱の実態が、山人たちの生活の様相とともに歴史の断面を通してしだいに浮かび上がってくる仕掛けになっている。「山人」とは、新しくその地にやってきた支配的な侵入民族によって山地に追いやられた先住民の後裔たちであり、その零落した生活様態を映し出す鏡であるという。柳田の推論はしだいにその方向に収斂していくのである。かれの思考にみられる自然還元の方法であるといっていい。『遠野物語』の母胎をなす不可思議現象を、自然的因果の糸で結び直す合理的還元の仕事だった、ということがわかる。

ちなみに、この『山の人生』で主題として選ばれている「カミ」や「オニ」の世界をめぐる探索が、やがて後年の『先祖の話』などに結実する膨大な量の研究を生みだす源泉になっている。また山中に隠れて生きる女人たちの運命が、「女人芸術」や「妹の力」や「巫女」にかんする想像力豊かな仕事を生みだすきっかけになっているということも忘れてはならないだろう。

さきにもいったように山人とは、もとこの日本列島の先住民族、というのが柳田の提出した仮説であったが、しかしそれはもはや絶滅しているのだろうともかれはいっている。

面白いのは、かれら先住民を絶滅にみちびいた原因として、六つの道筋のあったことが考えられる、と指摘している点である。これはかれの推論の特徴をみる上でも重要と思われるので列記しておこう。

一、帰順朝貢にともなう同化
二、討死
三、自然の子孫断絶
四、信仰の流れのなかで新来の百姓社会に受け入れられ併合された
五、永い歳月のあいだに人しれず土着し、混淆した（数においてはこれが一番多い）
六、しだいに退化して、なお山中を漂泊していたが、これもある時代までで、いまは絶滅してしまった。

（「山人考」、本書一九八頁）

いかにも歴史の全体を見渡す眼力が光っているではないか。山人社会を広角レンズでとらえようとする複眼思考である。冒頭にもふれたが『遠野物語』が刊行されたのが明治四十三年。『山の人生』の単行本が郷土研究社から出版されたのが大正十五年で、すでに十六年の月日が経っていた。この単行本化の段階で柳田はあらためて「自序」を書いているが、そこでかれは、われわれの意見にはまとまった結論というものはないかもしれないが、しかし「自分たち一派の主張」として、新しい知識を求めることがそもそも自分たちの学

問の出発点である、といっている。そしてこのようにつづけているのである。

すなわち同胞国民の多数者の数千年間の行為と感想と経験とが、かつて観察し記録しまた攻究せられなかったのは不当だということと、今後の社会改造の準備にはそれが痛切に必要であるということは、少なくとも実地をもってこれを例証しているつもりである。

（本文七頁）

柳田国男の新しい学問は、やはりこの『山の人生』の著作をもって真に誕生することになったと思わないわけにはいかないのである。

（宗教学者）

ら 行

わ 行

ま 行

や 行

な 行

は 行

た 行

さ 行

か 行

索　引

あ 行

編集付記

・本書は、大正十五年刊行の『山の人生』単行本初版（郷土研究社）を底本とし、新たに注釈を付した。
・本文の文字表記については、次のように方針を定めた。
一、原文の旧仮名遣いは現代仮名遣いに、旧字体は新字体に改めた。ただし引用文の一部については、旧仮名遣いを残した。
二、漢字表記のうち、代名詞、副詞、接続詞、助詞、助動詞などの多くは、読みやすさを考慮し平仮名に改めた（例／而も→しかも、其の→その）。
三、難読と思われる語には、引用文も含め、現代仮名遣いによる振り仮名を付した。
四、送り仮名が過不足の字句については適宜正した。
五、書名、雑誌名等には『　』を付した。
六、前記にかかわらず、古語や民俗語彙、人名や地名等の固有名詞の一部は、底本のままとした。
七、尺、寸、町などの度量衡に関する表記は、引用文を除き、（　）で国際単位を補った。
・本文中には、今日の人権擁護の見地に照らして、不適切と思われる語句や表現があるが、作品発表当時の社会的背景を鑑み、底本のままとした。

山《やま》の人生《じんせい》

柳田国男《やなぎたくにお》

平成25年 1月25日　初版発行
令和7年 10月5日　33版発行

発行者●山下直久

発行●株式会社KADOKAWA
〒102-8177　東京都千代田区富士見2-13-3
電話　0570-002-301（ナビダイヤル）

角川文庫 17788

印刷所●株式会社KADOKAWA
製本所●株式会社KADOKAWA

表紙画●和田三造

Printed in Japan
ISBN978-4-04-408310-6　C0139

角川文庫発刊に際して

角川源義

第二次世界大戦の敗北は、軍事力の敗北であった以上に、私たちの若い文化力の敗退であった。私たちの文化が戦争に対して如何に無力であり、単なるあだ花に過ぎなかったかを、私たちは身を以て体験し痛感した。西洋近代文化の摂取にとって、明治以後八十年の歳月は決して短かすぎたとは言えない。にもかかわらず、近代文化の伝統を確立し、自由な批判と柔軟な良識に富む文化層として自らを形成することに私たちは失敗して来た。そしてこれは、各層への文化の普及滲透を任務とする出版人の責任でもあった。

一九四五年以来、私たちは再び振出しに戻り、第一歩から踏み出すことを余儀なくされた。これは大きな不幸ではあるが、反面、これまでの混沌・未熟・歪曲の中にあった我が国の文化に秩序と確たる基礎を齎らすためには絶好の機会でもある。角川書店は、このような祖国の文化的危機にあたり、微力をも顧みず再建の礎石たるべき抱負と決意とをもって出発したが、ここに創立以来の念願を果すべく角川文庫を発刊する。これまで刊行されたあらゆる全集叢書文庫類の長所と短所とを検討し、古今東西の不朽の典籍を、良心的編集のもとに、廉価に、そして書架にふさわしい美本として、多くのひとびとに提供しようとする。しかし私たちは徒らに百科全書的な知識のジレッタントを作ることを目的とせず、あくまで祖国の文化に秩序と再建への道を示し、この文庫を角川書店の栄ある事業として、今後永久に継続発展せしめ、学芸と教養との殿堂として大成せんことを期したい。多くの読書子の愛情ある忠言と支持とによって、この希望と抱負とを完遂せしめられんことを願う。

一九四九年五月三日

角川ソフィア文庫ベストセラー

新版 遠野物語
付・遠野物語拾遺

柳田国男

雪女や河童の話、正月行事や狼たちの生態——。遠野郷（岩手県）には、怪異や伝説、古くからの習俗が、なぜかたくさん眠っていた。日本の原風景を描く日本民俗学の金字塔。年譜・索引・地図付き。

雪国の春
柳田国男が歩いた東北

柳田国男

名作『遠野物語』を刊行した一〇年後、柳田は二ヶ月をかけて東北を訪ね歩いた。その旅行記「豆手帖から」をはじめ、「雪国の春」「東北文学の研究」など、日本民俗学の視点から東北を深く考察した文化論。

新訂 妖怪談義

柳田国男
校注／小松和彦

柳田国男が、日本の各地を渡り歩き見聞した怪異伝承を集め、編纂した妖怪入門書。現代の妖怪研究の第一人者が最新の研究成果を活かし、引用文の原典に当たり、詳細な注と解説を入れた決定版。

一目小僧その他

柳田国男

日本全国に広く伝承されている「一目小僧」「橋姫」「物言う魚」「ダイダラ坊」などの伝説を蒐集・整理し、丹念に分析。それぞれの由来と歴史、人々の信仰を辿り、日本人の精神構造を読み解く論考集。

海上の道

柳田国男

日本民族の祖先たちは、どのような経路を辿ってこの列島に移り住んだのか。表題作のほか、海や琉球にまつわる論考8篇を収載。大胆ともいえる仮説を展開する、柳田国男最晩年の名著。

角川ソフィア文庫ベストセラー

日本の昔話　柳田国男

「藁しび長者」「狐の恩返し」など日本各地に伝わる昔話106篇を美しい日本語で綴った名著。「むかしむかしあるところに――」からはじまる誰もが聞きなれた昔話の世界に日本人の心の原風景が見えてくる。

日本の伝説　柳田国男

伝説はどのようにして日本に芽生え、育ってきたのか。「咳のおば様」「片目の魚」「山の背くらべ」「伝説と児童」ほか、柳田の貴重な伝説研究の成果をまとめた入門書。名著『日本の昔話』の姉妹編。

日本の祭　柳田国男

古来伝承されてきた神事である祭りの歴史を「祭から祭礼へ」「物忌みと精進」「参詣と参拝」等に分類し解説。近代日本が置き去りにしてきた日本の伝統的な信仰生活を、民俗学の立場から次代を担う若者に説く。

毎日の言葉　柳田国男

普段遣いの言葉の成り立ちや変遷を、豊富な知識と多くの方言を引き合いに出しながら語る。なんにでも「お」を付けたり、二言目にはスミマセンという風潮などへの考察は今でも興味深く役立つ。

山の宗教　修験道案内　五来　重

世界遺産に登録された熊野や日光をはじめ、古来崇められてきた全国九箇所の代表的な霊地を案内。日本の歴史や文化に大きな影響を及ぼした修験道の本質に迫り、日本人の宗教の原点を読み解く!

角川ソフィア文庫ベストセラー

西国巡礼の寺　五来　重

霊場はなぜ、どのように生まれたのか。われわれの祖先はそこで何を信仰し何に祈りを捧げたのか。三井寺、善峰寺、華厳寺ほか、西国三十三所観音霊場を案内。その宗教的意義や霊場としての環境をやさしく解説。

四国遍路の寺（上、下）　五来　重

弘法大師はなぜ修行の場として四国を選んだのか。山岳宗教以前にあった古代海洋宗教の霊場、海と陸の境を行き、岬で火を焚いた遍路修行。その本来の意味や歴史を明らかにし、古代日本人の宗教の原点に迫る。

宗教歳時記　五来　重

お正月に食べる餅が、大寺院の修正会へと繋がっていく――。歳時記の趣向で宗教にまつわる各地の年中行事を取り上げ、その基底に流れる日本古代の民俗と、祖先が大切に守ってきたものを解き明かした名著。

仏教と民俗
仏教民俗学入門　五来　重

祖霊たちに扮して踊る盆踊り、馬への信仰が生んだ馬頭観音、養蚕を守るオシラさま――。庶民に信仰され変容してきた仏教の姿を追求し、独自の視点で日本人の原型を見出す。仏教民俗学の魅力を伝える入門書。

高野聖　五来　重

高野山を拠点に諸国を遊行した高野聖。彼らはいかに民衆に根ざした日本仏教を広め、仏教の礎を支えてきたのか。古代末期から中世の聖たちが果たした役割と、日本宗教の原始性を掘りおこした仏教民俗学の名著。

角川ソフィア文庫ベストセラー

百物語の怪談史
東　雅夫

怪談、百物語研究の第一人者が、古今東西の文献から掘り起こした、江戸・明治・現代の百物語すべてを披露。多様性や趣向、その怖さと面白さを網羅する。怪談会の心得やマナーを紹介した百物語実践講座も収録。

陰陽師　安倍晴明
志村有弘

平安時代、怨霊・妖怪・疫病神を封じ、稀代の陰陽師として活躍した晴明は、闇の世界を支配するだけでなく、時の権力者のもとで表の世界をも支えていた。謎に満ちた男の真の姿を、史実と伝承を織り交ぜて描く。

耳袋の怪
根岸鎮衛
訳／志村有弘

今も昔も怖い話は噂になりやすい。妖怪も逃げ出した稲生武太夫の豪傑ぶり、二〇年経って厠から帰ってきた夫――。江戸時代の奇談ばかりを集めた『耳袋』から、妖怪、憑き物など六種の怪異譚を現代語訳で収録。

聊斎志異の怪
蒲　松齢
訳／志村有弘

芥川龍之介や森鷗外にも影響を与えた『聊斎志異』は、中国・清の蒲松齢が四〇〇篇以上の民間伝承をまとめた、世界最大の怪異譚アンソロジー。幽霊譚・動物奇談・妖怪譚などを選りすぐり、現代語訳で紹介。

江戸怪奇《あやかし》草紙
編訳／志村有弘

天女のように美しい幽霊が毎晩恋人のもとへ通う「牡丹灯籠」。夫に殺された醜い妻の凄絶な怨念を、祐天和尚が加持祈禱で払う「累」。江戸を代表する不可思議な五つの物語を編訳した、傑作怪談集。